バルセロナ
ガウディの
建築マップ
地下鉄
路面電車
カタルーニャ鉄道
ベリェスガール（46頁）
テレジア学院（40頁）
グエイ別邸（24頁）
日本総領事館
ミロ公園
Vallcarca
Avinguda del Tibidabo
Lesseps
El Putxet
Pàdua
Pl. Molina
Sant Gervasi
Muntaner
Sarrià
Les Tres Torres
La Bonanova
Francesc Macià
L´Illa
Numància
Maria Cristina
Pius XII
Palau Reial
Zona Universitària
Les Corts
Entença
Pl. del Centre
Sants-Estació
Tarragona
Av de Xile
Can Rigal
St. Ramon
Collblanc
Badal
Pl. de Sants
Hostafrancs
Mercat Nou
Pubilla Cases
Can Vidalet
Can Serra
l´Hospitalet de Llobregat
Florida
Torrassa
Sta. Eulàlia
0
1000m

もっと知りたい

ガウディ

生涯と作品

入江正之 著

東京美術

はじめに

スペインのカタルーニャ州タラゴナ県レウス出身のアントニ・ガウディ・イ・クルネットは、州都バルセロナに、数こそ少ないが他に類を見ない独自の作品を残したことで知られる建築家だ。明治村に展示設営されている帝国ホテルの建築家フランク・ロイド・ライトより、昨今日本でも一般的に知られる外国人建築家となっている。

その主因である《サグラダ・ファミリア贖罪聖堂》は現在も建設中で、竣工の歳月が定かではないロマンもその役割を果たしているのだろう。この聖堂の建設中の敷地には、ヨーロッパから、アメリカから、遠くアジアから、枚挙にいとまがない多くの国々の観光客が、毎日観光バスを連ねて訪れている。

本書は、大方の建築家ガウディの人と作品について理解するために、「もっと知りたい」正確な情報を整理した、主に画家が中心の当シリーズに初めて登場する建築家に関する一冊である。

このシリーズの構成に倣って、年代に沿ってガウディの生涯と作品の紹介を述べることになろう。それに加えて、ガウディが生まれ育ったカタルーニャの自然や風土、活動した時代、作品が建つバルセロナの都市化とその計画との関連、都市化を可能にした富の蓄積と多様な施設を発注した人々について、さらに個人のエピソード、いろいろな人々の言辞などをコラムという形で補完することで、奥行きのあるガウディ入門書としてまとめたい。

1. 本書では、年代順に作品を紹介していますが、ガウディの様式でまとめてあるので各章の年代から外れている場合があります。
2. 建物などの読み方は、カタルーニャ語の読み方に基づいています。

カタルーニャの風土に育まれたガウディの感性

ガウディが夏を過ごした父親のリウドムスの別荘「銅細工師の庵」。

ガウディによる棕櫚《しゅろ》や蓮の葉の素描。

生まれ故郷レウスの自然

1852年6月25日、ガウディはカタルーニャ州タラゴナ県レウスで生まれる。父方は代々、銅板で鍋釜やワインからブランデーをつくる蒸留器などを製造する銅細工師で、平たくいえば金物屋であり、母親の家系も同職であったという。また、船乗りであった時代もあるようで、家系をたどると中世にまでさかのぼるようだ。

一枚の銅板を折り曲げ、叩き延ばしながら三次元のヴォリュームをつくりあげる。この職業に、ガウディは建築家の出自を求めたこともある。

ガウディは幼少年時代に、レウスのエスコラピオス会で初等教育を受け、レウス郊外リウドムスにある父親の夏の別荘で、カタルーニャの緑豊かな自然とともに過ごした。

クルミの木の群落を見つつ青臭い果肉をつぶすと、手のひらの殻が硬かったのを覚えている。さらに、アーモンドやブドウが、ある間隔で整然と植えつけられたその周囲を、乾いたオリーブの木々が取り巻く。ひび割れた幹をらせん状に上昇させ、銀色の葉裏を四方八方に旋回させている。豊沃《ほうよく》には見えない乾いた大地で、枝々に緑色の実を実らせる。

レウスは繊維業で発展したカタルーニャ州の第二の都市でもあったが、ハシバミの実やアーモンドの生産地として富を蓄積した時期もあった。赤い砂漠の大地、あるいはメセタ高原を特質とするイベリア半島の気候、風土とは異なる、緑豊かな地中海性気候の大地と自然が感得される。

地中海芸術の担い手

後に、ガウディは自らの建築家としての資質を、このカタルーニャの自然環境に求め、同時に地中海芸術の担い手として自らを位置づけることになる。

「徳は中間点にある。地中海は大地の真ん中を意味する。その岸辺には中庸の光が、45度の光が射す。この光は物象を最もよく明るみに出し、形態を明瞭に開示する。この強すぎも弱すぎもしない光の均衡ゆえに、この場所にさまざまな偉大な芸術文化が開花した。地中海では、さまざまな事物の具象のヴィジョンが課せられる。このヴィジョンのなかに、真の芸術が休らっている。私たちの造形力は、感情と論理の均衡である」。

ガウディは地中海の均衡した光こそ、「常に開かれ、読むに値する偉大な書物」である自然のフォルムを、眼前に明らかにしてくれると感じていた。

上／タラゴナ市郊外、ビスタベリャ村付近のカタルーニャの風景。下／ブドウ畑が広がるリウドムスの風景。

現存しないレウスのサン・ジュアン通り4番地の家のスケッチ。おそらくガウディはここで生まれた。

作品に生命ある造形的ヴィジョンを与える

ガウディは晩年、このカタルーニャの自然について語り飽きなかったという。《サグラダ・ファミリア》のアトリエに足しげく通ったC・マルティネイは、そう伝えている。

赤味がかった地表面、緑のハシバミの木々、うっそうとしたブドウ畑、常緑の灌木林に映える銀色のオリーブの木々、遠くに見える地中海の輝く青さを、ガウディは懐かしがった。少年時代に病弱であったために、自然に対する観察の精神が養われたとガウディは語っている。彼の植物スケッチのディテール（全体から見て細かな部分。細部）が、その言葉を裏付けている。

「私たちのエニシダを一度も見たことのない人々に、どのように理解させよう？ 枝や花々、純粋に金色をした黄の花々、数キロ離れていても、感じられる花々を」。

ガウディは、故郷のエニシダの花々についてこう語っているが、光と色彩に満ちあふれたカタルーニャの自然に対する詩人のような感性と、この自然に五感を開いて「具象のヴィジョン」と一つになったガウディの姿が浮かんでくる。

「生命ある造形的ヴィジョン――この生命の感覚。これを私たちは作品に与えねばならない」とガウディはマルティネイに語る。作品に繰り返しあらわれるなじみ深い植物のフォルムは、この思想に深くかかわっていよう。この生命の感覚こそ、タラゴナ平野にあって、自然のなかで育まれた息づく感覚であったに違いない。

第1章

建築家の夢の実現へ——バルセロナに移住

1852—1877年

ガウディの優れた資質を見抜いた父親は、息子の将来に賭けて、
生まれ故郷レウスから、たくましく成長する都市バルセロナに移住する。
そこで建築学校に入学し、建築家の夢へ第一歩をしるすことになる。

大学設計課題。「乗船埠頭」立面図、縮尺1/100。大学から、優秀賞を授与されている。

建築家の夢の第一歩

レウスで営んでいた銅細工の仕事場をたたんで、父親と姉の娘、姪のローサとともに、ガウディはバルセロナへ移住する。バルセロナ建築高等技術学校（カタルーニャ工科大学バルセロナ建築大学）の予科に入学するためである。母親、姉たち、医学を志していた兄フランシスコは、いずれも早世している。

廃墟となっていたポブレット修道院の修復再生計画で、ガウディは中学時代の同級生であったトダ（Eduard Toda i Güell　後に外交官）やリベラ（Josep Ribera i Sans　後に外科学の教授、王立医学会員）とともに、建築についてまとめていた。こうした事績や、周辺の自然の諸形象や風景に関する素描群などから、ガウディの優れた資質を見抜いた父親は、代々続いてきた家業を継がせるよりも、息子の将来に賭けたのだろう。都市の時代、機械による生産の時代、新しい近代化の時代を見通してのことからかもしれない。

はじめは、1860年から始まったバルセロナの拡張地区開発の通りの一つであったクンセイ・ダ・セン通りに居住したようだ。1871年から、たくましく成長する都市、生命力にあふれた世紀末の雰囲気のなかに、本格的に住居を移す。2年後、建築学校に入学し、建築家の夢の第一歩をしるすことになる。

社会的ステイタスの象徴としての建築

「困難に打ち勝つために、一生懸命働かねばならない」。

1876年11月26日の日記に、ガウディはこう書いた。これは、建築工匠フンサレーやビリャールらのドラフトマン（製図工）として、学業と仕事を両立させていた時代の一行である。

建築学校を卒業し、1878年に建築家の資格を得る。新しく誕生した建築家は、その年すでに旧グラシアの街で《カザ・ビセンス》の設計に取りかかる。

時は〝カタルーニャ・ラナシャンサ《ルネサンス》〟、すなわちカタルーニャのルネサンス運動の時代

ガウディの制作と出来事

1852年 0歳	6月25日、カタルーニャ州レウスに生まれる。
1860年 8歳	レウスのバランゲー師の学校で初等教育を受ける（～1862年）。
1863年 11歳	レウスのエスコラピオス会の学校で初等教育を受ける（～1868年）。
1867年 15歳	記録に残る最初の芸術作品といえる素描を、学生週刊誌『エル・アルレキーン』に発表。学生演劇の舞台装置、修道院の風景の素描を描く。
1871年 19歳	父親と姪のローサとともにバルセロナに移住。
1873年 21歳	バルセロナ建築高等技術学校に入学（～1877年）。建築工匠フンサレーやビリャールらのもとで製図工として働き、エウダルド・プンティーの工房で実地の仕事を学び、学業と仕事を両立させる。
1874年 22歳	ホセ・アンセルモ・クラベーの墓碑のために公開設計競技に応募。
1875年 23歳	学校の課題として、共同墓地の門を設計。
1876年 24歳	アメリカ100年記念博（フィラデルフィア）に参加するスペイン館の図面を作成。 バルセロナ県議会中庭の設計図を作成。 モンセラット修道院の後陣と聖母の壁《へき》龕《がん》を作図。 覚書『日記装飾論』（本文は1878年に書かれた）などを書く。
1877年 25歳	カタルーニャ広場の噴水の設計図を作成。卒業制作の大学講堂を手掛ける。

左／バルセロナ県議会中庭の鋳鉄柱とアーチ壁の取り合い部の、詳細図。

中／卒業制作、パラニンフォ（大学講堂）全体断面図。

❶克明に描かれた天井画の表現。

❷断面図のなかの学長席と演壇の詳細。

❶

❷

だった。

　この運動を担った建築家たちのカタルーニャ独自の文化に対する希求、それは同時に、この運動を経済・文化の両面から後援したブルジョアジー（インディアーノス〈34頁参照〉を中心とした実業家たち）の心性でもあった。インディアーノスとは、アメリカ、西インド諸島の国々、当時はスペインの海外領土に移住して成功し、財を築いて帰国した人々のことである。

　パトロンは後援する建築家たちに依頼して、自らの社会的ステイタスの象徴として新しい建築を求める。ガウディのパトロンであるグエイやバッリョは、彼らのなかでも際立った存在だった。その意向のもとに、数多くの建築が黄金の街区のファサード（建物の正面のこと。ヨーロッパでは通りに面する側のみが建物立面として表現されることが通常であるため、一般には通路あるいは広場に面する側のことをいう）を形づくっていくのである。

バルセロナの建築ラッシュの時代背景

カタルーニャの経済発展

中世期カタルーニャ・アラゴン王国の時代、地中海圏を席巻《せっけん》し得た帝国であった国家は、カスティーリャ・アラゴン王国の統一によって政治の中心がカスティーリャの地に移るとともに、一つの地域に変わる。

その後も、マドリッドを中心とするカスティーリャと、バルセロナを中心とするカタルーニャは王位継承戦争を始め、ヨーロッパ列強のブルボン、ハプスブルグ両家の覇権《はけん》闘争に巻き込まれながら、18世紀に至るまで衰亡の時期を辿る。

しかし、18世紀後半のインディアーノスたちによる富の蓄積とともに、カタルーニャ的なるものへの希求、民族としての文化的再生への熱情が一気に燃え上がる。

34頁で詳しく述べるが、砂糖などを仲立ちとするスペイン語圏や他のヨーロッパ諸国との貿易が富をもたらし、綿紡績業は発展し、19世紀になって導入された産業革命がこれに拍車をかける。鋳鉄《ちゅうてつ》技術の伝播から鉄道の出現に至る、機械による活発な生産手段の変革を通して、人々の生活形態も急激に変わっていく。

芸術・文化の新しい光

この経済的発展とカタルーニャ自治主義思想を背景にして、カタルーニャの栄光の中世への希求とその再生を求めるカタルーニャ・ラナシャンサが、一つの芸術運動として成長する。それは、文法と正書法をつくり直したカタルーニャ語の定着と実現、総合大学の創設、個性的なその土地特有の芸術表現の獲得などである。中世の詩歌の祭典Jocs《ジュクス》 Florals《フロラルス》が復活して、オルフェオ・カタラのような合唱隊やカタルーニャの史跡を調査・研究する学術探訪カタルーニャ自治主義者協会（現・カタルーニャ探訪者センター）などの機関が数を増し、音楽、絵画、文学、とりわけ建築を新しい光で照らしだす。

人々は「リセウ劇場」や「カタルーニャ音楽堂」でワグナーのオペラに浸り、ニーチェやイプセンを読みふける。世紀末の雰囲気が漂うバル「四匹の猫」では絵画や文学の行く末が語られる。人々は着飾り、バルセロナの街路を散策する。旧バルセロナのフェルナンド通りのような由緒ある通りでウインドーショッピングを楽しみ、19世紀半ばから開発が始まる拡張地域の中心パセッチ・ダ・グラシア通りのカフェ・トリノでいっときを過ごす。

「アル・カドラット・ドール（黄金の街区）」彼らは拡張地域を誇らしげにそう呼ぶ。

上／バルセロナの旧街区ランブラス通りから見たフェルナンド通りの眺め。メルセー祭の飾りつけが見られる。
中／旧カタルーニャ領エルナ大聖堂回廊における学術探訪カタルーニャ自治主義者協会。中央にカタルーニャを代表する詩人・司祭ジャシン・バルダゲー、右から５人目の横顔が青年時のガウディ。
下／拡張地域のパセッチ・ダ・グラシア通りとグラン・ビア通りの交差点あたり。1870年ごろ。

この高揚したバルセロナで１８８８年、万国博覧会が開催される。バルセロナは名実ともに一地方都市から世界的なコスモポリタンへと変容するのである。多数の建築家が駆り出され、ラナシャンサにふさわしい建築諸様式がはなやかに繰り広げられる。

建築家マルトレイとの出会いと19世紀のスペイン建築

建築の師マルトレイ

ガウディはバルセロナ建築高等技術学校（バルセロナ建築大学）を卒業するとともに、1878年に建築家の資格を取得した。この前後に建築家ビリャール、技術者サレマレリャ、建設工匠フンサレーらのもとで働くなかで、彼の人格形成に大きな影響を与えた一人の建築家との出会いを忘れてはならない。

ジュアン・マルトレイ・イ・モンテイス（1833〜1906）である。カタルーニャ新中世主義を代表する建築家とされ、中世ゴシックに傾倒し、数多くの宗教建築を手掛けた。

1877年ごろ、建築学校の学生だったガウディはこの建築家を知る。その後、1882年になってバルセロナ大聖堂ファサードの設計競技があり、ガウディはマルトレイ案のファサードの立面図の作成を担当した。

他に、サレザス教会（1882〜85年）、カスペ通りのイエズス会教会（1882年）といったマルトレイの作品に、ガウディは助手として協力する。すでに自分の作品をいくつか抱えていたにもかかわらずそうしたのは、彼を建築の師として私淑《ししゅく》していたからに違いない。

マルトレイは信仰心が厚く、一生を独身で通した。後にガウディも、その道を辿るだろう。社会的な事柄に関心が深く、進取《しんしゅ》の精神にたけていて、協同消費組合や建設労働者の同業組合を組織化する一方、スペインに図式静力学《ずしきせいりきがく》に基づく計算方法も紹介している。

彼の名声によって、ガウディはバルセロナ市庁からライアル広場やバルセロナ埠頭《ふとう》の公道に設ける枝付きガス燈の設計依頼を受ける幸運に恵まれた。さまざまな宗団やコミーリャス侯爵家などとの幅広い交友も築くようになる。建築家として生活し始めたころ、マルトレイの存在はガウディにとって、決定的な位置を占めていた。

「賢者にして聖人」とガウディはマルトレイを讃えたが、この言葉にはマルトレイに対する畏敬《いけい》の念が込められている。マルトレイは、実現しなかったバルセロナ大聖堂ファサードの計画案覚書で次のように書いている。

「建築の細部の大きさは、全体の大きさのプロポーションによって増大するのではない。全体は細部の多様さによって、いっそうの大きさを獲得する。というのは、スケールは人間のスケールに依拠《いきょ》するのであり、古典様式のモジュールに縛られるものではないからだ」。

ガウディはこの計画案を雑誌に掲載するべく、非常に克明な図面を制作している。実際に建築設計をしてみることで、プロポーションなどの建築概念について、身体を通してマルトレイから多くを学んだことが

右／ジュアン・マルトレイによるサレザス教会鐘塔。ラナシャンサにおける新中世主義の代表作品とされる。
左／バルセロナ大聖堂ファサードの設計競技においてガウディが作成した図面。

ルネサンス様式

ゴシック様式

ロマネスク様式

ローマ様式

ムデハル様式
レコンキスタ以降のキリスト教徒支配下における、イスラム教徒の芸術とキリスト教徒の芸術が融合したもの。レンガと施釉《せゆう》のタイルの組み合わせに特徴がある。

うかがわれよう。

マルトレイの信頼を得たことは後に、《サグラダ・ファミリア贖罪《しょくざい》聖堂》やグエイ家とのつながりに深い連関を与えることになるだろう。

スペインの新しい建築様式

19世紀は建築史上、歴史主義あるいは折《せっ》衷《ちゅう》主義の時代とされる。考古学的な実証に基づいて、古典諸様式のモニュマン（記念建造物）の精緻な図版資料が制作され、それを直接写した様式の新古典主義が出現する。

この時代には、歴史諸様式がカタログのように気ままに取り扱われた。公共建築は古典——ルネサンス建築、宗教施設は中世ロマネスク——ゴシック建築、霊廟《れいびょう》はエジプト建築というように、建物の性格に応じて様式が選ばれ、建物のファサードを飾った。

さらに新しい建築様式を求めるべく、歴史諸様式の折衷《せっちゅう》が果敢に図られたが、創造という観点からすれば、消極的な時代と映った。

スペイン・カタルーニャ地方でも、19世紀初頭から20世紀初頭にかけて、新古典主義、ロマン主義、ロマネスクやゴシックの写しとしての新中世主義が展開される。

1888年のバルセロナ万国博覧会以後、新しい建築様式が希求《ききゅう》されるようになる。そうした空気のもとで、スペイン固有のゴシックとムデハル様式（キリスト教支配下でのスペイン固有のイスラム建築様式）との折衷を土台として、アール・ヌーヴォーと形態的に通じ合うムダルニズマ様式が20世紀初頭にかけて推進される。

ガウディもこのような歴史的、文化的背景のなかで、自らの建築を創出しなければならなかった。そのために、過去の歴史様式の探求は必須であった。

生き生きとした伝統主義

バルセロナ建築学校に専門の図書館が開設されたとき、彼は今まで見たことのない書物に接して、この課題を解決すべくそれらをむさぼり読んだ。

それまでの図版に代わって、ギリシャやローマ、ラテンやビザンチン芸術の最初の写真集が到着したとき、彼は興奮して何時間もただ一人読みふけり、見比べ、自分のものにしようとした。それまでは、あまり忠実に表現されていない図版を苦労して見ながら勉強しなければならなかったからである。

「そのとき、空が私に開かれたように感じた」と、ガウディ研究者でもある建築家バルゴースに述懐している。当時の彼のノートには、サモラ大聖堂や、ブルゴス大聖堂、アルハンブラ宮殿、エル・エスコリアルなどスペインの著名な歴史建築が記録されている。ガウディが歴史諸様式の写真を吟味しながら、自らの建築の拠《よ》り所を求めようと必死になっている姿が感じられてくる。

しかし、ガウディは、歴史主義に対する自らの態度を次のように語っている。

「ある建築家たちによる考古学的な伝統主義や、他の人々による過去の諸様式を即興的に自由に取り扱う態度とは違って、私は確かな合理性に基づく、生き生きとした伝統主義を追求した」。

この時代の建築思潮としての歴史主義と峻別《しゅんべつ》した、彼の「生き生きとした伝統主義」とは、どんなものであったのだろう。

Casa
Vicens

カザ・ビセンス

ANTONI
GAUDI

色彩と植物の造形が生き生きとした外観を作る

1878～85年

カロリナス通り18～24番地
施主：マヌエル・ビセンス

Photo:VIEW Pictures/アフロ

ムデハル様式の外観

この作品は、旧市街から距離をおいたグラシアに位置する、都市郊外的な性格を有した住宅として意図された。庭園には、塀と一体で構想された歩廊付きの滝が流れるパビリオン（東屋《あずまや》）を設計していることからもうかがい知れる。

施主のタイル業者マヌエル・ビセンスから、どのような経緯で依頼があったのかは定かではないが、ガウディからすれば《カザ・ビセンス》は、彼の色彩理論の具体化であり、造形がその主題であったといえよう。

直線的かつ構成的なリズムをもつ外観は、陶器などのさまざまな素材がそのまま使われ、各ファサードを形成している。やむを得ず犠牲にされた黄色の花々は、施釉《せゆう》（釉薬《ゆうやく》をかけること）タイルに描かれることで再生され、白と緑の明るいタイルとともに豊かな色彩で建物を包み込んでいる。《カザ・ビセンス》はこのタイルをもって、バルセロナの古いグラシア（優美）の街に結びつく。

この明るいタイルによる植物のイメージは、道路を隔てる棕櫚《しゅろ》の鋳鉄《ちゅうてつ》（鉄を使った鋳物）の柵、内部における食堂の真

②

Photo:The Bridgeman Art Library/アフロ

①

右頁／《カザ・ビセンス》カロリナス通り側外観。

①居間の天井。持ち送りに架る梁形の間にサクランボの実と葉があふれる。壁には友愛を意味する木蔦《きづた》がスグラフィット（左官の工法）で仕上げられている。

②喫煙室から庭に出るステンドグラスをパターン化してはめ込んだガラス木製扉。

③居間暖炉の暖気で微かに揺らぐテグスで吊るされた紙粘土製の小鳥。

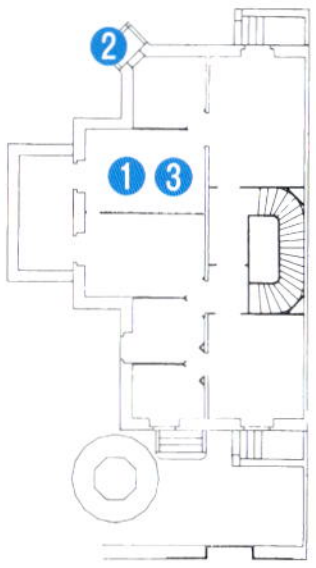

1階平面図

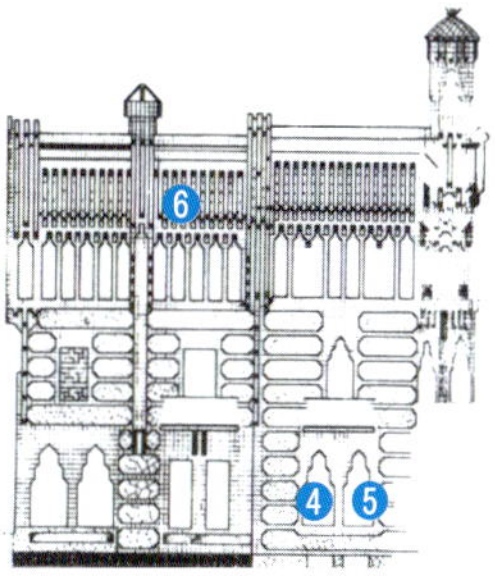

南東側立面図（現状）

に迫ったサクランボの房、トリビューンに涼しさを与える棕櫚の天井画によってさらに強められる。こうした色彩と植物の生命が、ムデハル様式の外観を生き生きと合わせまとめている。

構造はレンガを使った組積造《そせきぞう》で、外部は、施釉のタイルとその枠組みの間に粗石積みを納めた仕上げとなっている。色鮮やかなツルッとしたテクスチャーと、ザラザラとした粗いテクスチャーの対比の感覚が全体を支配している。

アラビア様式の力学的合理性の影響

この《カザ・ビセンス》がムデハル様式を思わせる外観をもつようになったことについて、エンリケ・カサネリエス（『アントニオ・ガウディ その新しいヴイジョン』の著者）は次のように述べて

③

Photo:Alamy/アフロ

4

5

❹鍛鉄《たんてつ》のグリルで覆われた通り側の窓。この作品の開口部はグリルや木製の格子が付帯しているが、どれ一つとして同じものがなく、ガウディの作品に臨む意欲が伝わってくる。
❺境界塀に使用された棕櫚の鋳鉄のグリル。棕櫚の葉を砂型に埋め、鋳鉄を流し込んでつくったとされる。
❻左頁／《カザ・ビセンス》外壁上部の緑と白、ならびに花模様のタイルが垂直性を強調するように線状のパターンを形成して、モダンである。

いる。

「建築家ガウディが、アラビア人の建築方式についてきわめて実際的な知識をもちあわせていたことと、施主がアラビア・タイルの裕福な製造業者であったという二つの条件がピタリと合致したからであろう」。

さらに、《カザ・ビセンス》を特徴づけるものとして、煙突を隠した棟飾《むねかざ》り、望楼《ぼうろう》の垂直的要素を支える持ち送り（壁から突き出した構造物）があるが、「アラビア人の連続的な持ち送りは、中世キリスト教のアーチより力線に近似する」とガウディ自身が語ったように、アラビア人の力学的感覚の卓越性を見抜いたことによる。

ガウディは、アラビア様式の力学的合理性と施主の所与の条件を結びつけ、色彩と植物の生命によって、この住宅を生き生きとしたムデハル様式風の外観に総合化したのである。

ムデハル様式風の外観の印象は、この後、《エル・カプリチョ》や《グエイ別邸》の外観の印象へと引き継がれていく。

天使の叡智は平面的に考えることなく、空間の問題を直接的に見ることができる。

——ガウディ

Villa El Capricho, Commillas

別荘エル・カプリチョ

ANTONI GAUDI

陽光を求めるスペイン北部の夏の別荘

1883～85年

コミーリャス、サンタンデル県
施主：ドン・マクシモ・デ・ディアス・キハーノ

Photo:Iberfoto/アフロ

ひまわりのタイルが施された望楼《ぼうろう》

《別荘エル・カプリチョ》は、コミーリャス家の初代侯爵アントニオ・ロペス・イ・ロペスの親戚（義姉妹の夫）に当たるドン・マクシモ・デ・ディアス・キハーノによって依頼された夏の家である。

ガウディは、マルトレイの設計になるロペスの霊廟・教会（1878～81年）の家具デザインを、彼の娘婿である実業家のアウゼビ・グエイを通じて担当したが、この関係を踏襲する形での依頼であった。

外観は、玄関ポーチの上に伸びる望楼《ぼうろう》を兼ねた塔が全体を象徴している。イスラム建築のミナレット（礼拝堂モスクを構成する高塔）を思わせる表現が歴史様式の影響をうかがわせるが、一方で、建物全体の色調は、この土地の風景に見られる澄み切った緑の色ともよく調和している。

この望楼は、緑色の施釉《せゆう》のタイルに、ひまわりがレリーフされた装飾タイルが市松《いちまつ》模様に配されている。ひまわり（スペイン語で girasol）には、太陽を巡る花という意味合いがあり、スペイン北部の気候風土から陽光への希求が感じられる。望楼のらせん階段を昇りつめると、

右頁／《エル・カプリチョ》南側外観。望楼の円塔形の壁は、ひまわりのレリーフの施釉タイルと緑のタイルを千鳥格子に貼り、仕上げている。
❶望楼の屋根を支える鋳鉄柱部分。ここから遠く大西洋を見渡すことができる。

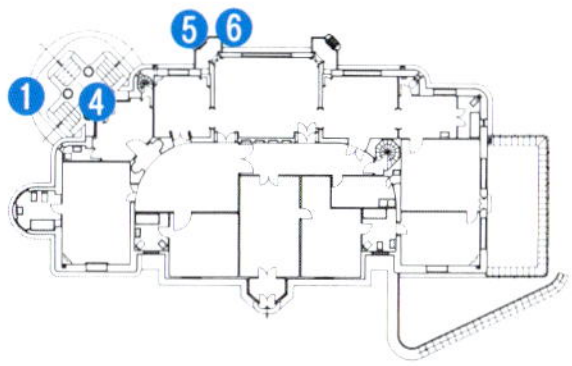

> 常に開かれて、努めて読むのに適切な偉大な書物は、「自然」である。
> ——ガウディ

1階平面図

ミナレット

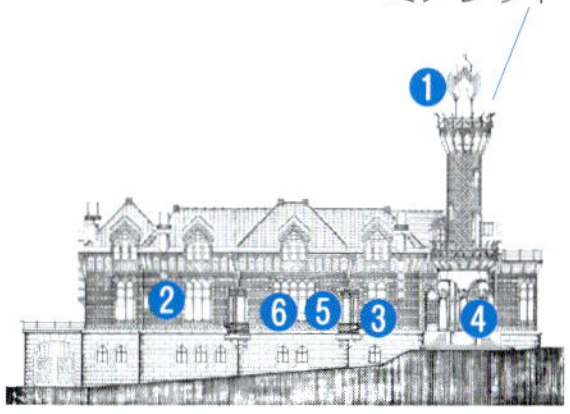

正面（北側）立面図

開かれた視界に大西洋の海原が輝く。

別荘にふさわしい優雅な演出

ガウディは、精巧な模型、図面を制作して、学友でもあったクリストバル・カスカンテ（1851〜89）が監督をしたといわれる。《カザ・ビセンス》のように、この内部も装飾豊かに表現されている。

居間、食堂、応接間の内壁や腰壁部は、彫刻を施した木と陶器で表装され、格天井の細工には、植物を主題にレリーフしたものもある。居間のコーナーにはバルコニーが設けられ、鋳鉄と木による欄干とベンチが丹念に仕上げられているのが印象的だ。

敷地が南側で高くなるという条件から、北側に面した居間の開口部は、平面的に五連の縦長の上げ下げ窓となっている。上部ははめ殺し窓で、植物や生物の描かれたステンドグラスによって外界と連関するイメージでデザインされている。上げ下げ窓は、滑車を介して分銅が動くことによって開閉する仕組みになっている。実は、この分銅が音叉の役割を果たしていて、五つの窓を上げ下げするたびに違う音階が奏でられるという、別荘にふさわしい優雅な演出である。

Photo:AGE FOTOSTOCK/アフロ

❷

❸

❷外壁面の部分。レンガ積みの外壁を、ひまわりの花と葉のレリーフ状のタイルが区切っている。
❸ひまわりの花の施釉タイル。ひまわりはスペイン語でgirasolといい、太陽を巡る花として、陽光を求める北国の人々の心を象徴するかのようだ。
右下／参考写真：北大西洋に面するコミーリャスは、ヒマワリのように光を求めるサンルームを設けている民家が多い。

《カザ・ビセンス》の暖炉の上で暖気に揺らぐ、テグス（白色透明の釣り糸）で吊られた紙粘土の鳥と同じように、住む人の心に対応する趣向だろう。ガウディの建築家としての一面である。

❺

❹

❻

❹望楼の足元は《エル・カプリチョ》の玄関歩廊であり、オーダー風(古典主義建築)の柱とアーチの組み合わせた表現となっている。
❺木製のパーゴラ(格子状の日陰棚)を支える鋳鉄のフレーム部分。
❻南側に配されたベランダ。奥に見える五連の上げ下げ窓が、音階を奏でる。
右下／参考写真：コミーリャスの街と、遠くの木々の中に《エル・カプリチョ》の望楼と、J．マルトレイ設計のコミーリャス侯爵の礼拝堂の鐘塔が見える。

ガウディが残した覚書『日記装飾論』

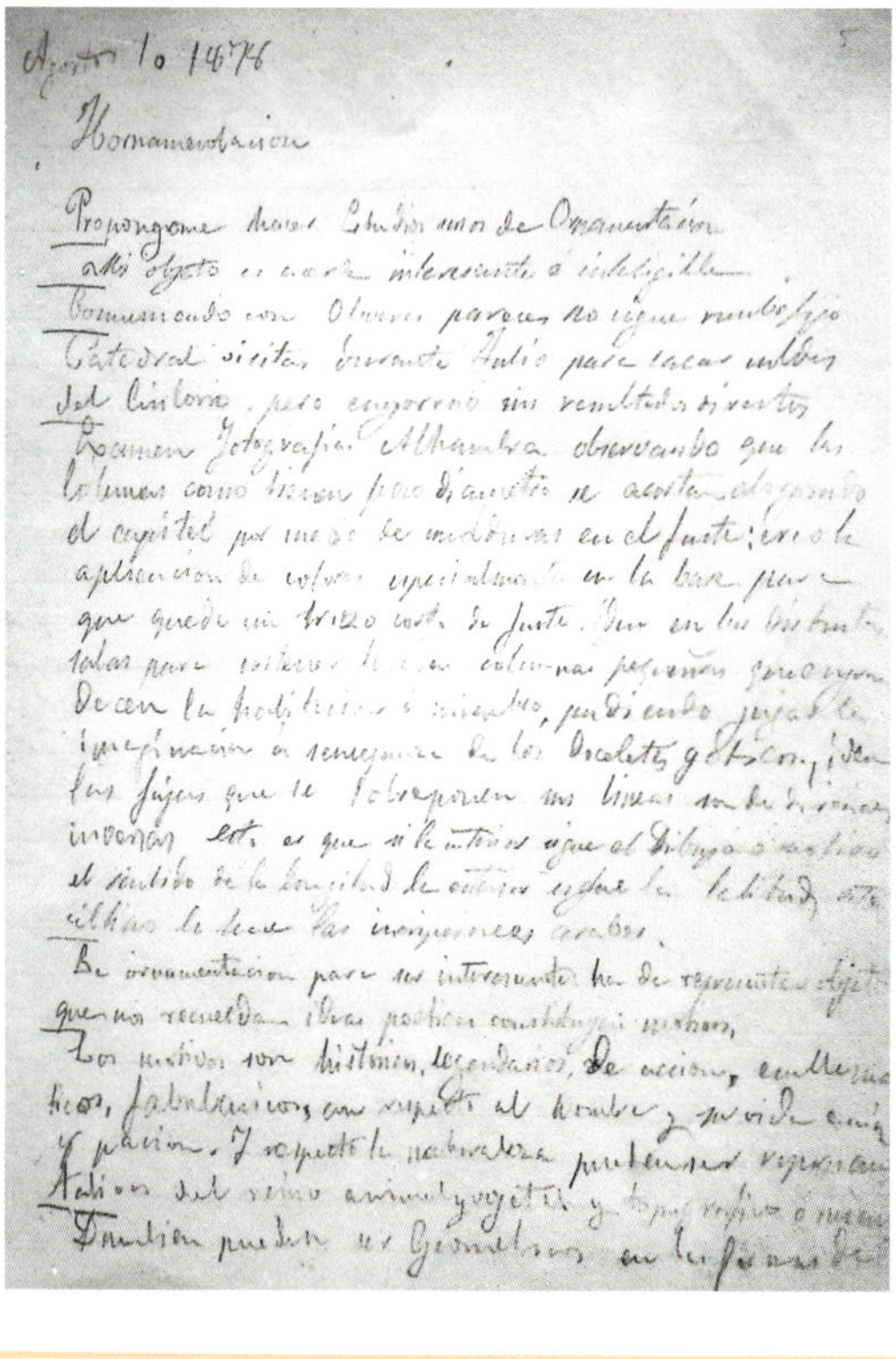

大学卒業時の建築論

『日記装飾論』は、建築大学を卒業するときに、ガウディが自らのために書いた青年時の覚書である。

　近代の建築家たちがルネサンスの建築家に倣《なら》うかのように、自ら建築について言語によってプロパガンダしたのとは違い、ガウディは生涯を通じて、建築に関する思想を建築論のような整理された形で表明することはなかった。その意味で、この覚書に込めた建築論的探求の在り様は、彼の建築についての考え方を直截《ちょくせつ》に表現している。

　全体の構成は、主に1878年8月10日に始まる装飾覚書部分、他の日付は当時の製図工としてのアルバイトの日課のメモ、最後にフランスの写真家ジャン・ローランによるモニュメントや建築作品の写真集からの写し書きである。主要部分は、ガウディが大学を卒業し、建築家の資格を取得した後に執筆された。

　厚紙を表紙とする八つ折り判の大きさの部厚いノートにスペイン語で、大部分は鉛筆ではっきりと書かれ、後半部はペン書きである。

聖堂建築の在り方を考える

たとえば、聖堂の中心的構成要素であり、「ミサとさまざまな神聖な祭式の聖なる犠牲のために奉仕する」祭壇について、ガウディはこの覚書でこう詳細に記述している。

「祭壇は、典礼の要請に応じて簡素な形態、機能をもつべきであるが、今日のものは、往々にして奢侈《しゃし》（度を過ぎてぜいたくなこと）をよしとする考え方により、真の宗教性をさまざまな造形と諸像の収納庫に

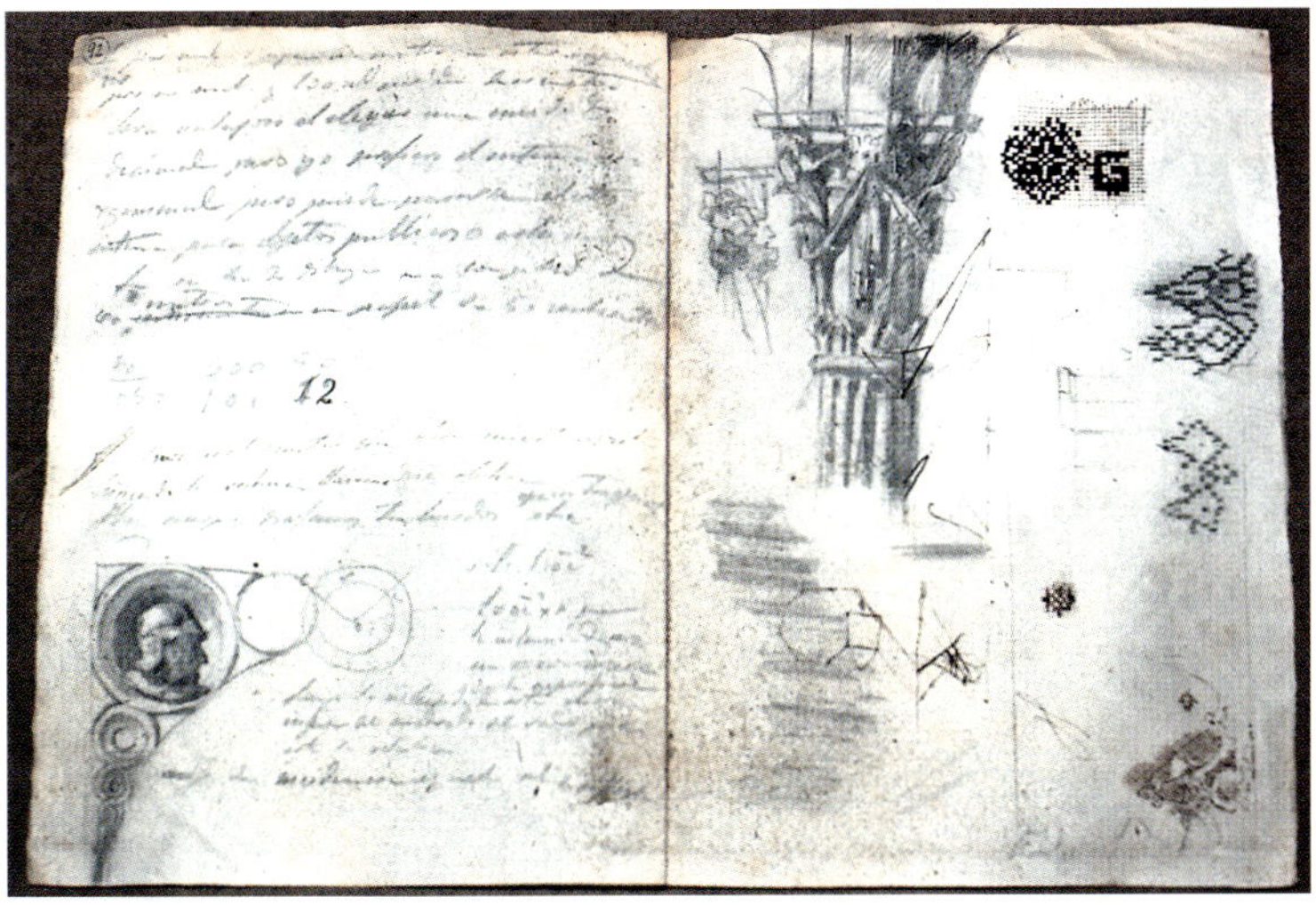

右頁上／『日記装飾論』が書かれたノート。
右頁下／『日記装飾論』の装飾に関する覚書のはじまりの部分。
右上／レウス時代のスケッチ。民家マジアと教会堂の鐘。
左上／レウス博物館手稿。

変え、聖堂に対して害を及ぼし、貧しいものにしてきた。聖堂のなかでホッと息をつくこともできなかったであろう、おびただしい対象物はむしろ後退し、ヴォールト（アーチの原理を利用した曲面天井）の正弦曲線（周期性をもつ単純な波形）を際立たせるべきである」。

当時の祭壇が置かれている状況を、このように批判的に考察したうえで、「段を施すことによって他の場所より高め、孤立させ、畏敬《いけい》の念を感じさせるすべての要素を与えるべきである」として、祭壇を根源的な、簡素な形態に戻すことが図られなければならないとしている。

さらに、祭壇は威厳と鮮明な輝きをもつことが必然ゆえに、「金色や銀色は、銅の明るいブロンズと同様に鮮明な色合いであり、磨き上げれば反射光によってさらに輝きを増して、彩色された背景から際立つだろう」と結んでいる。

こうした記述は、聖堂が内在すべき宗教性、精神性に支えられた聖堂建築の総合的な在り方を、帰納的《きのうてき》方法で言及したものに他ならない。

新しい建築様式への意欲

この記述からも理解されるように、ガウディは装飾に関するさまざまな個別的な考察を通じて、自らの建築に関する思想を投影させている。

彼の思想を顕現《けんげん》する新しい聖堂のヴィジョン、および覚書に踊るような大文字で記された〈偉大なる聖堂 La Gran Iglesia〉、創造への情熱、制作の手段、それを内側から支える宗教性についての論究《ろんきゅう》が、〝日記〟という形式によって綿密に織りなされている。

ガウディにとってこの覚書を書くことは、彼の内的ヴィジョンを具体化することと同義であった。新しい建築様式への意欲が、内的ヴィジョンという形で確固として存在していたのである。

この覚書の後半部で、「この〈偉大なる聖堂〉完成の要求は、未だ萌芽にすぎない」と書いている。聖堂へのヴィジョンは内部で醸成《じょうせい》され、一つひとつの作品を経験することにおいて確かめられ、成熟していかなければならないとガウディ自身考えていたことがうかがえる。

この言葉を受けるように、カサネリエスはこう述べている。

「《クルニア・グエイ教会》は、彼の青年時のヴィジョンの達成である。つまり、〈宗教芸術は精神の表明であって、諸形態の翻訳ではない〉」と。

第2章

運命を決定づけるパトロン、グエイとの出会い

1878—1903年

26歳になったガウディは、最高の施主であり、その生涯において
最高の理解者となる青年実業家アウゼビ・グエイに出会った。
それは、建築家としてのガウディの運命を決定づけるエポックであった。

青年期にさまざまな小品を制作したプンティー工房。中央にガウディ、右にプンティー、二人の間に後のサグラダ・ファミリアの彫刻制作主任となるリョレンソ・マタマラ。

アトリエで工具を持つガウディの姿が描かれている（ジュアン・マタマラのスケッチ）。

高級手袋店のショーケースを制作

1878年5月、パリでの3回目の万国博覧会が開催された。近代を特徴づける電気や機械のさまざまな発明品が展示されたが、美術界ではジャポニスム（19世紀後半の西欧美術にみられる日本趣味）が影響を与えた時期でもあった。

スペイン館には、展示品の一つとしてクマリャ手袋店のショーケースが出品された。旧市街の中心街フェルナンド通り角のアヴィニョ通りで高級な手袋店を営んでいたアスタバン・クマリャが、ガウディにそのデザインを依頼したものである。制作したのは、サンドラ通りのエウダルド・プンティーの工房だった。

このころガウディは、《カザ・ビセンス》の他、バルセロナの都市施設である街灯計画や、建築工匠フンサレーの助手としてシウタデーラ公園の鉄柵の仕事を仕上げるため、プンティー工房に足繁く通っていた。

そこで、後に《サグラダ・ファミリア贖罪聖堂》の装飾彫刻家の主任となるリョレンソ・マタマラとも出会っている。また、彼の仕事場もプンティー工房の隣にあった。多くの職人たちに囲まれ、プンティー工房やリョレンソらとともに撮影した記念写真も残っている。リョレンソの息子ジュアンは、自ら工具を持って

ガウディの制作と出来事

1878年 26歳	建築家の資格を取得。 クマリャ手袋店のガラスのショーケースを制作、パリ万国博覧会のスペイン館に出品。 アウゼビ・グエイと知り合う。 《マタロ労働者綿織物協同組合》（～1882年） 《カザ・ビセンス》（～1885年）
1882年 30歳	バルセロナ大聖堂ファサードの設計競技で、マルトレイ案のファサードの立面図を作成。 マルトレイ作品のサレサス教会（～1885年）、イエズス会教会（～1882年）に助手として協力。 グエイの依頼による狩猟用小屋を設計。 3月19日、《サグラダ・ファミリア贖罪聖堂》の定礎式が行われる。
1883年 31歳	《サグラダ・ファミリア贖罪聖堂》（～1926年、建設は現在も進行中）の主任建築家になる。
1886年 34歳	《グエイ邸》（～1889年）
1887年 35歳	《アストルガの司教館》（～1893年） バルセロナ市庁の広間と中央階段の装飾。
1888年 36歳	バルセロナ万国博開催。その海洋部門における大西洋横断会社のパビリオンを制作。 《テレジア学院》（～1890年）
1891年 39歳	《カサ・デ・ロス・ボティネス》（～1892年）
1892年 40歳	モロッコ・タンジールのフランシスコ伝道会アフリカ本部の設計（～1893年）。
1898年 46歳	《カザ・カルベット》（～1900年） 《クルニア・グエイ教会》（～1916年）
1900年 48歳	《ベリェスガール》（～1916年） 《グエイ公園》（～1914年） 《聖山モンセラットの「栄光の第一秘跡」》（～1916年）
1902年 50歳	《マリョルカ大聖堂の修復》（～1914年）

パリ万博に出品されたショーケース

　ショーケースの台座は木製で、下部に簡潔な彫刻が施されている。四隅には対角線上に四分円の金属製の控えがとられ、丸鋼の手すりでつなぎ合わされている。訪問者が、ガラスケースに近づきすぎないようにとの配慮からである。

　台座に載せたガラスケースは六つのガラス面で構成され、上部は傾斜した切妻形だ。細い金属製のジョイントのシンプルな骨組みゆえに、内部全体をほとんどさえぎるものなく見通せた。

　装飾は、頂部に植物の形をした金属製の棟飾りがついていたにすぎなかった。他の多くの展示品が様式的なしつらえで過剰に飾られていたのに対して、それは極めてモダンであり、ひときわ際立っていた。

ショーケースのためのエスキース（下絵）。

作業台に向かっているガウディをスケッチしているが、この当時のものだろう。

　ガウディにとって、このようなものづくりの環境は、父親が銅細工職人だったレウス時代から身体で親しんだものだった。プンティーの工房で立ち働くガウディの生き生きとした姿は、工房の職人のみならず、訪れる人々の心をとらえた。

　そうしたガウディの仕事に対する情熱と、熟達した技術に裏付けられた作品の芸術性に魅了された一人が、プンティーの顧客クマリャであった。その彼が、パリ万博のためにショーケースの制作をガウディに依頼したのである。

グエイとの初めての出会い

　パリ万博で栄誉も受けたこのショーケースに魅了された来館者の一人が、アウゼビ・グエイだった。バルセロナに戻り、クマリャからこの作者がガウディであることを知ったグエイは、義父コミーリャス侯爵のための家具のデザイン依頼を兼ねてプンティー工房を訪ねた。これが二人の初めての出会いである。

　ショーケースは小品とはいえ、いかなる微細な部分もおろそかにしないガウディの制作態度が結晶化した、洗練された作品の萌芽といえる。グエイの明敏なヴィジョンは、このなかにガウディの優れた建築的ヴィジョンを洞察したのである。

Finca Güell

グエイ別邸

ANTONI GAUDI

建築家としての才能が試された邸宅

1884～87年

アベニダ・パドラルベス通り７番地
施主：アウゼビ・グエイ

❶ Photo:Alamy/アフロ

建築家としての才能を試す

グエイには、旧バルセロナの中心街ランブラス通り沿いの地所に、自邸を建設する計画があった。彼の社会的なステイタスのうえからも、賓客を招くことのできる新しい家が必要だったのだろう。

しかし、グエイはまず初めに、父親の時代から受け継いだラス・コルッ・ダ・サリアーにある、パドラルベス通りの厩舎《きゅうしゃ》・調教舎と馬丁《ばてい》の家の設計をガウディに依頼する。ここと旧市街の本宅を、馬車が連絡していたのである。

パリ万博に出品した小品のショーケースと本宅の中間的なスケールで、機能も単純、予算をかけられないものを依頼することで、ガウディの建築家としての才能を試したかったのだろう。

《グエイ別邸》は、馬丁兼管理人の家と厩舎・調教舎の二つの建物によって構成され、それらを鍛鉄《たんてつ》（熱した鉄を叩きのめして加工する工法）および鋳鉄《ちゅうてつ》製の鎖でつながれた龍の入口扉が隔てている。これが、今や著名な〝パドラルベスの龍〟として知られる鉄扉で、レンガ造の門柱の片側に取りつけられている。

門柱にはグエイのイニシャル「G」を

Photo:The Bridgeman Art Library/アフロ

❷

❶中央は、龍の門。外壁はレンガ積みに、モルタルによるプレキャスト板で仕上げられている。
❷龍の門。ギリシヤ神話に想を得てヘスペリデスの園を守る龍を起源にもつ。

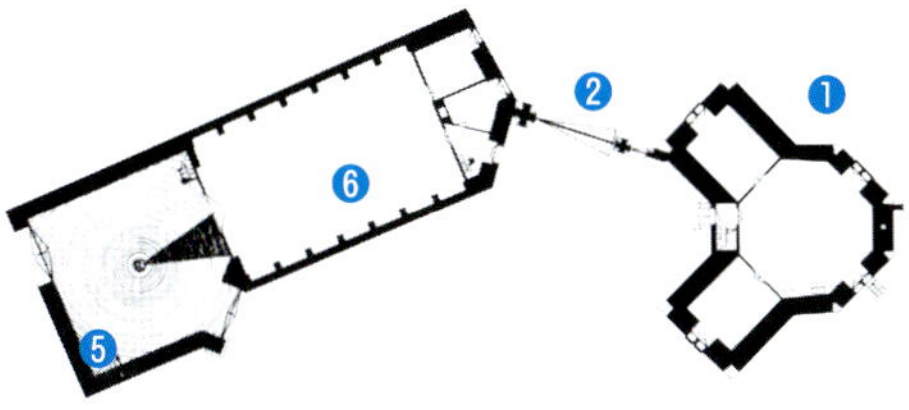

１階平面図

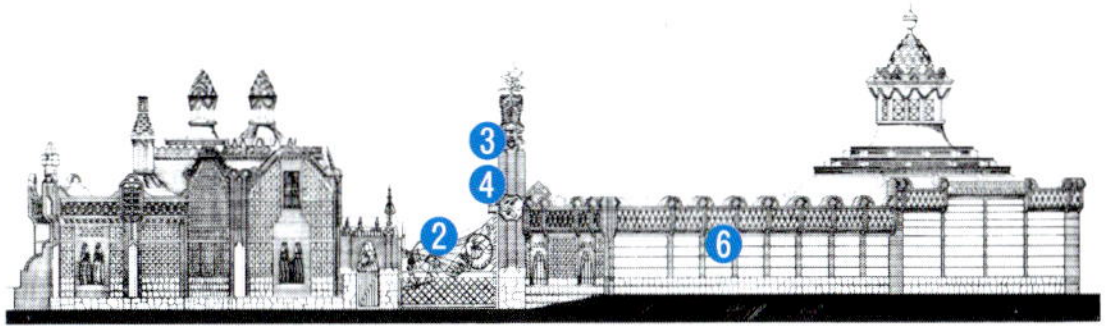

構造断面図

刻み、さらにオレンジの樹が人工石で四面に表現され、最上部にアンチモン製のオレンジの樹が実をたわわにつけている。これは、ギリシャ神話に想《そう》を得て、〈ヘスペリデスの園〉に住む黄金の林檎《りんご》を守る龍を起源にもつとされる。

細部をおろそかにしない制作態度

この扉を支えるレンガの柱は、赤みの強いものと黄色みがかったものが交互に積層されており、目地《めじ》にモルタルが充《じゅう》塡《てん》される。

あるとき、釉薬《ゆうやく》のかかっていないレンガの門柱が陽光に輝いた。そんなはずはないとあらためて仕上げ面を見ると、ガウディはこの数ミリの間隙に、釉薬のかかったタイルの破片を、螺鈿《らでん》（貝殻の薄片をはめ込み、貼りつけて装飾する工芸技法）のごとく丹念に埋め込んでいた。タイルを砕いてその砕片を貼るカタルーニャの伝統工法〈トレンカディス〉をここで応用したのである。

どんな細部にもガウディの目配りがないところはない、あるいは、どのような細部もおろそかにすることのない、彼の制作態度の一端を示すものだろう。

④

③

③レンガの目地に施釉されたタイルの破片が埋め込まれている。タイルを割って使うトレンカディスというカタルーニャの工法。
④粗面の素材がなぜか光る、オレンジの樹を冠したレンガ積みの柱。
⑤厩舎の天井部分。放物線アーチ、放物線ヴォールトの組み合わせによって、上部からの採光と、換気の役割を果たす開口部が、効果的に生み出されている。
⑥屋根を取り巻く格子状のレンガは、雨水を通すので、配管の詰まりを防ぐ機能がある。

造形と構造の不可分の探求

馬丁・管理人の家と厩舎および調教舎は、軒蛇腹《のきじゃばら》（軒に帯状に取りつけた突出部分）などの主要部はレンガ造、その他の部分は、土に石灰あるいはセメントを混合したタピアル型枠（形式）の伝統的な土壁工法によって築かれ、レリーフ状のセメント板や陶器で仕上げている。

厩舎においては、長手《ながて》方向の土壁同士を幅広い7本の放物線アーチが結び、その上に架け渡される隅が切られた放物線ヴォールトの構造と、アーチを結ぶタビカーダ・ヴォールト（カタルーニャ地方の伝統的なレンガ積み工法）の構造とを組み合わせている。それら明快な構造部を、プラスター（漆喰《しっくい》、水を加えて練り混ぜる壁左官用材料）だけで仕上げることで、清楚で軽快な内部空間がつくり出されている。

調教舎においては、ドームが架けられている。そのドームの迫元《せりもと》（アーチの起点となる最も下の石）は、垂直の壁面と接するところでは半球面の緩やかな線を描き、上部は開口が穿《うが》たれ、双曲面の緩やかな交切線が回転する。このドームは、ハイサイドライト（高側窓）をもつ頂塔

❺

を冠し、最上部は回転放物線の輪郭をもつ。

素朴で簡明な空間のなかで、線織面《せんしょくめん》（空間において一定の法則に従って直線を動かすことによって得られる曲面）の特性により、調教する馬の蹄《ひづめ》の音がドームに反響するのである。

《グエイ別邸》は、レンガとタイルの組み合わせから《カザ・ビセンス》や《別荘エル・カプリチョ》のムデハル様式風の雰囲気を漂わせながら、しかし、カタルーニャの伝統的な土壁、放物線アーチ、放物線ヴォールト、あるいはドームを駆使した力学的合理性が、内側からこの建築形態を支えている。ここに見られる造形と構造の不可分の探求が、この作品のなかに息づいている。

❻

Photo:The Bridgeman Art Library/アフロ

Palacio Güell

グエイ邸

ANTONI GAUDI

さまざまな建築的試みを投入した初期の代表作

1886～89年

ヌー・ダ・ラ・ランブラ通り9番地
施主：アウゼビ・グエイ

左／コンデ・デル・アサルト通り側外観。
❶糸杉の森と称された屋上の換気塔群。

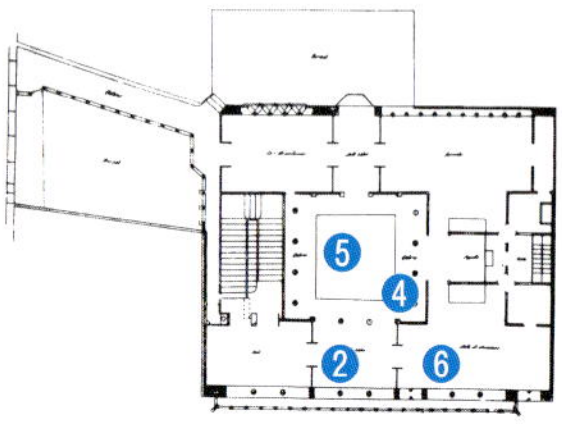

主階（2階）平面図　計画案

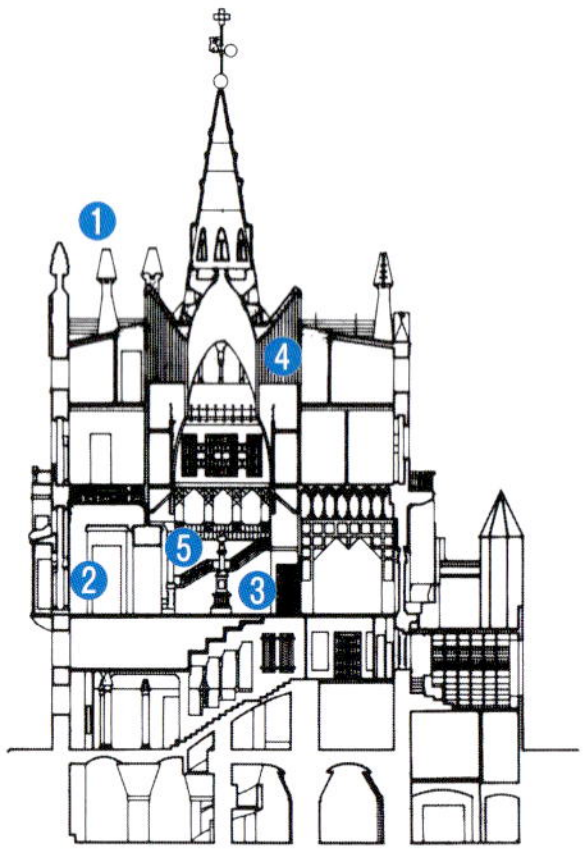

断面図

創造力を思いのままに駆使

アウゼビ・グエイが、事前に《グエイ別邸》でガウディの力量をつぶさに感得し、父親のランブラスの地所に繋《つな》がる敷地に自邸の設計を依頼したのが《グエイ邸》である。

ガウディは自らの建築的能力のすべてをこの仕事に傾けたことは、ファサードのデザインのために20枚以上の案を提示したことからもうかがえる。

そこから二つの案を、グエイの選択に委《ゆだ》ねた。真に新しいものを求めるグエイの精神は、玄関のスケッチから放物線アーチの方《ほう》を選んだ。

グエイの母方の家系となるバシガルーピ家がイタリア出身であったことから、ガウディはぬかりなく、ヴェネツィア風の荘厳な邸宅を範《はん》としてファサードを設計し、玄関の開口部をグエイが選んだ放物線形態の二連のアーチとした。ガウディは創造力を思いのままに駆使し、さまざまな建築的試みをこの作品に投入していく。

カタルーニャの歴史家ビセンス・ビーベスは、15世紀のフィレンツェと世紀末のバルセロナにおいて、ともに幾人かの

> 調和、つまり均衡にとって、コントラストが必要である。
> 光と影、連続と不連続、凹凸というように。
> ——ガウディ

❶

指導的な人物の衝撃力に突き動かされてルネサンスが花開いたように、ガウディの作品も高いレベルに達した、と指摘している。

彼が示した人物の一人こそがグエイだった。グエイとの出会いとその後の40年間にわたる交友は、建築家ガウディの道程において決定的なものであった。

建築構造と空間構成の見事な統一

この《グエイ邸》において、宗教的な生活の祈りの場として、また音楽会や文学の集まりの場としての二重の機能をもち、最も注目に値するのが主階サロンである。

ここでは、放物面体ドーム上方からの光が点光源となって降り注ぐ。おそらく、アルハンブラ宮殿の浴場の天井との連関もうかがわせようが、それを超えて、緻密で、精巧で、あたかも自然光が星のような効果を生み出すもので、均整のとれた無数の小さな輝く円によって穴が穿たれているようにも見える。祈りの静謐(せいひつ)な空間が、濾過(ろか)された光に包まれるのである。

《グエイ邸》は、建築構造と空間構成が見事に統一された作品である。

芸術作品の本質的な性質は
調和である。
造形作品においては、
それは光から生まれる。
光は、際立たせ、装飾する。
――ガウディ

❹

❷

❷主階、通りに面するトリビューン（階上廊）。

❸

❸主階大広間内部。突き当たりの両開き扉は中に小礼拝堂がある。
❹主階大広間ステンドグラスのハイサイドライト（高側窓）。

地階の暗がりと冴《さ》えわたる神秘性に始まり、メインサロンに架け渡された放物面体ドームの軽快な構造と天空からの星のような光の効果を介して、屋上の煙突や換気塔《かんきとう》に施されたタイルによる色彩豊かな空間へと、建築空間は垂直方向に変容する。

　1888年のバルセロナ万博の折、アメリカの大統領グラヴァー・クリーブランドを迎えてのパーティーが催されたが、当代の代表的な人物であった施主グエイの期待に、この作品は充分応えることができたのである。

　また、学術探訪カタルーニャ自治主義者協会が主催するガウディ見学会は多くの時間を要する。そのことは、この作品の建築的密度の高さを示している。ガウディの初期の代表作といえる。

❺主階大広間16mに達する吹き抜け。賓客《ひんきゃく》を招いての晩餐会《ばんさんかい》時には、3階に音楽隊が待機して演奏を行った。音は放物面の天井にぶつかり、垂直に階下に届いたという。
❻主階通りに面する応接間の天井。木と、よじって鍍金《ときん》した鉄の角棒によって上階の床を支える。応接間としての品格と構造的解決を兼ねた取り扱い。
❼屋上煙突側壁面のトレンカディス手法のタイル。

⑤

Photo:DeA Picture Library/アフロ

⑦

⑥

Cellers Güell

グエイの酒蔵

ANTONI GAUDI

明快な構造と形態、ガウディらしいディテール

1895～1901年

バルセロナ県シッチェス郊外ガラーフ
施主：アウゼビ・グエイ

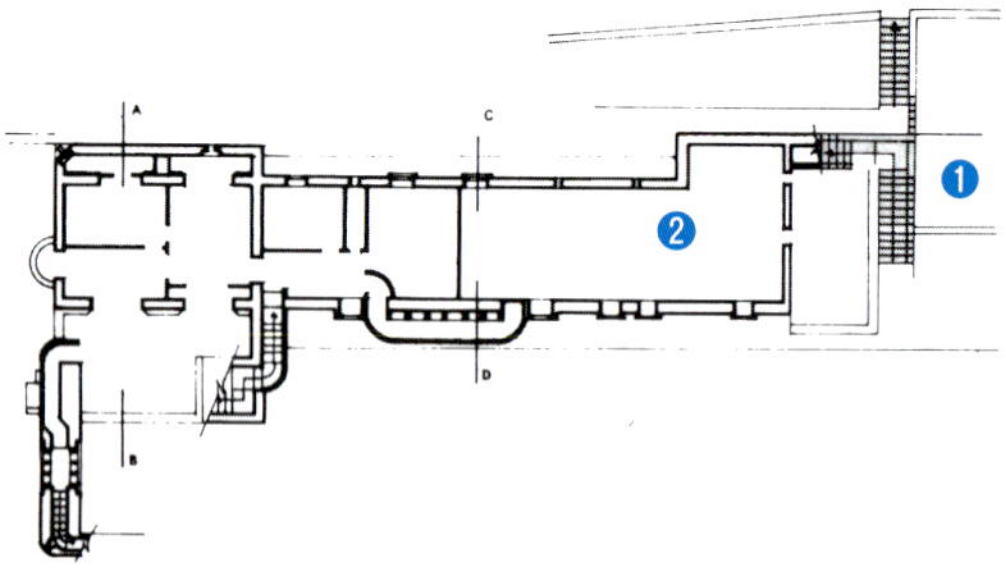

2階平面図

北側立面図

西側（正面）立面図

ル・コルビュジエが讃嘆

グエイがワイン産業を展開した酒蔵と住居である。地中海に面し、円筒形の防《ぼう》御塔《ぎょとう》（地中海に面した集落には、海賊などの襲来などを報せる物見の塔）がある中世の遺構を含みながら計画されたこの作品は、道路側からアプローチするとき、門番小屋と入口の壮麗な鉄扉越しに、三角柱状のシンプルな幾何学《きかがく》的立体が目に入る。

幾何学的な量塊《マッス》（ひとかたまりとして把握、知覚される部分）は、放物線状アーチの構造で支持されている。この量塊《マッス》にハイサイドライト（高側窓）の直方体が階段状に貫入《かんにゅう》し、煙突や換気孔《かんきこう》の塔状の立体が伸び上がるような、モダンな取り扱いが新鮮である。

「光の下での、幾何学的立体の配置」を近代建築の在り様とした建築家ル・コルビュジェが、1928年のバルセロナ訪問時に讃嘆の言葉を投げかけたのもうなずけよう。

明快な構造と形態

1階は車庫に、主階は住居に当てられ、最上階には海に面するテラスを併設した小さな礼拝堂が設《しつら》えられている。

防御塔へ至るブリッジ、方向を変えて

❷

❶

❸

右頁／《グエイの酒蔵》の門。
❶地中海側から住宅と最上階にある礼拝堂に向かう階段、テラス。
❷礼拝堂内部。放物線アーチと直方体のハイサイドライトによってリズミカルな光がうかがわれる。
❸鍛鉄《たんてつ》の彫塑《ちょうそ》的な扉部分。

上昇する階段など、礼拝堂テラスに至るまでの空間のシークエンスが豊かである。この礼拝堂は放物線アーチによって支持され、側面からの光が内部空間を柔らかく明るみに出す。

これまで《グエイの酒蔵》は、ガウディの助手であるフランセスク・バランゲーの作品とされてきた。バランゲーは後に、《グエイ公園》のガウディの自邸であるバラ色の家の設計を託されるほどに、ガウディから信頼の厚い建築家であった。

しかし、グエイと管理責任者R・ピコ・カンパマール（グエイの秘書、詩人）、そしてガウディの三者が署名した1895年1月18日付の一枚の図面が、ガウディの碩学《せきがく》バッセゴダ（王立ガウディ記念講座教授）によって発見された。そのことから、この酒蔵はガウディが設計をし、バランゲーにその監理を託した、二人の協力と友情から生まれた作品ということが明らかになった。

バランゲーのムダルニズマ的装飾を得意とする系列とは異なる、カタルーニャ・ヴォールトを基盤とした明快な構造と形態、換気塔や煙突、またレリーフや鍛鉄《たんてつ》のグリルなどのディテールに、ガウディらしい特徴が見られる傑作といえる。

バルセロナの近代化に貢献したインディアーノスとグエイ家の人々

上／シフレー邸　右／ジュゼップ・シフレー・イ・カザズ肖像
左／アントニオ・ロペス肖像

サマー公園、サルバドー・サマー・イ・マルティーの別荘の庭だった。

サマー公園内にある塔と人工の洞窟。

施主がいて成立する建築芸術

ガウディには、グエイという名前のついた作品が多い。《グエイ別邸》から《グエイ邸》を経て《グエイ公園》《クルニア・グエイ教会》に至る作品の系譜がそれである。

初期の建築家活動におけるパセッチ・ダ・グラシア通りのジーベルト薬局店舗も、グエイ家の出身地カタルーニャ州タラゴナ県トレダンバラの施主からの依頼であった。

20世紀初頭の《カザ・ミラ》は、実業家ミラ・イ・カムプスからの依頼であるが、財界におけるつながりや、夫人ロザリオ・セジムンの亡き前夫がインディアーノスであったことで、その背景にアウゼビ・グエイの存在がうかがえる。

繊維業者ジュゼップ・バッリョは、他の縁戚たちがバルセロナの3軒の集合住宅を、ガウディよりひとまわり年上の建築家ジュゼップ・ビラゼカ・イ・カザノバスに依頼したにもかかわらず、《カザ・バッリョ》の設計をガウディに依頼したことにも、繊維業の同業者であったグエイ家との関係がうかがわれよう。このように、ガウディが建築の設計に携わった背景にグエイ家が深くかかわっていることが理解される。

絵画や彫刻のように表現者の発意で自由

大富豪インディアーノスたち

ジュゼップ・シフレー・イ・カザス
(1777〜1856)

バルセロナの北の小さな港町アレニィス・ダ・マール生まれで、ハバナ、後にニューヨークに居住して、キューバ産の皮革や、その他の産物をアメリカやヨーロッパに輸出することで資産を得る。19世紀初めごろ、キューバの町々で畜殺された牛すべての皮革の独占権を獲得し、19世紀半ばまで権利を保持したといわれる。

そのころ、バルセロナの港近くの敷地に壮麗な住宅シフレー邸を建設している。市内に複数の不動産を所有し、1852年に支払った固定資産税はバルセロナ市の支払い額を超え、貴族階級の支払い額もはるかに凌ぐものだったという。生まれ故郷アレニィス・ダ・マールに、同名の市民劇場と〈貧者の病院〉を寄進した。

アントニオ・ロペス
(1817〜1883)

カタルーニャではなく、サンタンデル県コミーリャス出身であるが、娘がジュアン・グエイの息子でガウディのパトロンであるアウゼビに嫁ぐことで、グエイ家と縁戚関係となり、バルセロナに深くかかわっていくことになる。

サンティアゴ・デ・クーバに運び込まれた奴隷をハバナなどの製糖所に輸送し、買い値の数倍で売却することや、経営する大西洋横断会社の船で大量の兵士や物資をキューバへ運ぶ独占契約を国との間で結び、莫大な利益と資産を築いた。

さらに、第一次キューバ戦争終了後、国家への貢献が大であるとしてコミーリャスの侯爵に、さらに1881年には大貴族に列せられた。この年の夏、国王一家はコミーリャスにあるロペス家の別荘に訪問している。

バルセロナでは、18世紀後半、ランブラス通りにモジャ侯爵夫人が建てたモジャ侯爵館を、資金を惜しむことなく購入し、さらに当代一流の建築家ジュゼップ・ウリオル・メストラスにその改修を依頼している。

オペラ劇場リセウの1階の桟敷席を買い取り、ステイタスを誇示したというような心性から来ているのだろう。クレディト・メルカンティル銀行、イスパノ・コロニアル銀行、大西洋横断会社、フィリッピン・タバコ会社などを経営する、バルセロナで最も豊かなインディアーノスの一人だった。

サルバドー・サマー・イ・マルティー
(1797〜1860)

ビラノバ・イ・ジャルトルー出身で、船舶の製造・修理工場の経営とともに、黒人奴隷や中国人労働者の輸送を行って利益を得た。その甥のサルバドー・サマー・イ・トゥレンツ(1861〜1933)は、ハバナ在住の伯父マルティーからマリアナオ侯爵位と莫大な財産を受け継いだ。

1860年代に、パセッチ・ダ・グラシア通りとグラン・ビア通りの交差部に豪壮な邸宅であるサマー館、あるいはマリアナオ侯爵館を、当代一流の建築家メストラスの設計で建てた。バルセロナ市長を二度務め、大貴族に列せられた。

バルセロナ郊外カンブリルスには、シウタデーリャ公園を手掛けた建築工匠ジュゼップ・フンサレーの手になる広大な別荘を造営した。庭園内には噴水、池、滝、塔があり、その間にはキューバの植物などが植生し、現在もサマー公園として公開されている。

ジュゼップ・アメイ
(1811〜1889)

アメイ家はシッチェス出身で、18世紀末からグラン・パナデスのワインの輸出で、商業と移民の出稼ぎを積極的に結び付け、それを何世代も維持し続け、カタルーニャとアメリカとの関係を拡大する重要な役割を果たしている。

息子のアグスティ・アメイは、1808年にシッチェスで生まれ、父の跡を継いでプエルトリコを拠点に商売に献身し、一財産を築いて1848年に本国に引き揚げる。彼の手紙は移民と故郷にある縁戚一族の強い絆をのぞかせる。

ジュゼップ・アメイは、1811年にシッチェスで生まれ、サンチャゴ・デ・キューバに移り、その島の主要な人物ルベルト家と縁戚を結び、アメイ・ルベルト社を創設した。

サトウキビの農場主たちに融資し、砂糖関連の農産物の商いで財産を築き、本国バルセロナに戻る。さらに、船主であったアグスティ・ルベルトと結び、船会社を設立、海外取引を独占する。ヘネラル・カタルーニャ銀行やクレディト・メルカンティル銀行に出資し、頭取にもなる。キューバ総督であったオドンネル将軍率いる政党、自由主義連合に参画し、バルセロナ県選出の国会議員でもあった。

マヌエル・マラグリーダ・イ・フンタネ
(1864〜1946)

カタルーニャ北部内陸のガロッチャ地方オロット市出身で、アルゼンチンでタバコ会社「パリのシガリーリョ(紙巻きたばこ)」を創設、経営した。

本国に戻ってオロットの都市計画を推進し、「マラグリーダ拡張地域」を開発した。オロット市民図書館や、彼の名前がついた教育施設としての学校群を市に残し、イサベル・デ・ラ・カトリカ大十字勲章、名誉市民、スペイン赤十字功労賞などを授かる。自邸は古典主義的作品で、主広間の天井トップライトのステンドグラスは圧巻である。

ミケル・ビアダ・イ・ブニョル
(1789〜1848)

マタロ出身で、キューバの権力機構と良好な関係を結び、商取引を隆盛にして財産を築いた。1848年にバルセロナとマタロ間をスペイン最初の鉄道が開通したが、その利便性に感心し、没後に故郷に資本を託して鉄道の敷設を実現させた。

その他のインディアーノスとして、タルタブイ家、バルセロナの拡張地区に広大な土地を所有していたゴイティソロ家、バルセロナの港湾地区バルセロネータ出身のリバルタ家などがあげられる。リバルタ家は、18世紀にレウス出身の大商人フランセスク・マルクが建てたランブラス通りを象徴するマルク館を購入。1887年にリバルタ家兄弟のトウマスが亡くなったときの遺産総額は、市の予算より多かったという。

バルセロナの近代化に貢献したインディアーノスとグエイ家の人々

に作品が制作されることは、建築では通常の事柄ではない。つまり建築とは、資本を投入する施主の存在があって始動する芸術分野なのである。グエイという存在がなければ、ガウディという建築も、ガウディらしい建築も生まれなかったかもしれない。

インディアーノスの財力と事績

では、グエイ家とはいかなる出自の存在だろうか。グエイ家は、インディアーノスの系譜に連なる家系である。18世紀末から、キューバでは奴隷制の下で精糖業が発展し、その富に引きつけられて多くのスペイン人が移住した。19世紀前半には、その多くがカタルーニャのバルセロナ県やタラゴナ県の地中海沿岸にある町々の出身者で占められていた。

近年、インディアーノスの事績について、スペイン本国ではM・ロドリゴの著作や、日本では山道佳子氏、八嶋由香利氏らの著作によって知ることも多くなった。これらの著作に負いながら、主要なインディアーノスについて彼らの財力と事績について触れることで、カタルーニャそしてバルセロナの近代化、都市化に彼らがいかに大きな役割を果たしたかについては、35頁にまとめた。その視点から、グエイ家についても37頁で紹介しよう。

インディアーノスたちは築いた財力をカタルーニャ、特に都市の時代を迎えたバルセロナに投資して、さらに富を増大させた。と同時に、王家への寄進による爵位の授与と、相互に縁戚関係を結ぶことによって事業の幅を広げ、政治の表舞台でもさまざまな施策を推進することで、彼らのステイタスを確固としたものにしていく。

さらに、祖国や出身地といったスケールで慈善事業にも積極的にかかわり、人心を掴むことでその時代のリーダーになっていったのである。その代表的な存在がグエイ家であった。

アウゼビ・グエイ

アントニ・ガウディ

1910年、クルニア・グエイ教会を訪問した際のガウディ(左から2人目)とグエイ(中央)。

グエイ家の人々

ジュアン・グエイ・イ・ファレー
（1780～1872）

タラゴナ県トゥラダンバラに生まれ、バルセロナの航海学校で操舵術を学んだ。その後、ハバナで港に陸揚げされる商品を手広く扱い、保護政策に支えられて、全商品を事実上コントロールする独占的商いで財を築いたといわれる。

19 世紀最初の四半世紀にキューバの事業を清算し、本国に引き揚げる。帰国後、バルセロナではカタルーニャの工業化を牽引する繊維工業に目をつけ、交通インフラの拠点であったサンツに蒸気機関で動く最初の繊維工場「バポール・ベイ（古い蒸気）」を建設し、コーデュロイの生産を始めた。

製造業にも進出し、鋳物工場「ラ・バルセロネサ」をランブラスに、その後複数の工場と合併し、「ラ・マキニスタ」というスペインを代表する製鉄・機械の大工場へと発展させる。

クレディト・メルカンティル銀行、バルセロナ銀行などの経営にもかかわり、幅広く事業を展開して、一代にして名門グエイ家の基礎をつくり上げた。

そのかたわら、キューバ関連の仕事も続け、キューバのスペイン軍に大量の軍服を売りつけ、利益を得た。これは、キューバ時代に培った統治者たちとの政治的人脈によるところが大きい。

また、カタルーニャの産業育成と保護の立場から国会で保護貿易主義を訴え、1848 年カタルーニャ工業会の結成に尽力し、上院議員としてカタルーニャの利益を代弁した。キューバにおける植民地統治の維持を求めることに尽力し、キューバ島における民兵の組織化にも資金援助を惜しまなかったという。

グエイ家は、郊外のパドラルベスにあった古いマジア（伝統的な石造民家）を買い取り、ガウディが師と仰いだ建築家ジュアン・マルトレイの改装設計によって別荘とした。マルトレイはカリブ風の小さな宮殿を造り、ネオゴシックの礼拝堂と周囲にすばらしい庭園を配置した。後に、アウゼビ・グエイが貴族に列せられたお礼として、この別荘は王室に献上され、増築されて「パドラルベス宮殿」となる。

ジュアン・グエイの銅像

アウゼビ・グエイ・イ・バシガルーピ
（1846～1918）

ジュアンの息子で、グエイ家二代目のアウゼビは、イギリスやフランスに学んだ教養人で、蛋白質についての医学研究にかかわる論文も発表している。

父親から引き継いだ繊維会社などを発展させ、時代のニーズに対応していくつかの新会社を経営する実業家となった。不況や危機の時代にこれらの事業を維持できたのは、未来に対する彼の明敏なヴィジョンによるものだろう。

祖国と同胞のために奉仕しようと州選出の国会議員になり、サントラ・カタラー（カタルーニャ自治主義者同盟）の会長として政治舞台で活躍した。

また、広範囲にわたる学問芸術の保護育成の必要性を感じ、多くの芸術家、文学者の活動や、カタルーニャの伝統であった「Jocs《ジュクス》 Florals《フロラルス》 詩歌の祭典」の復興など、あらゆる文化運動に惜しみない援助をした。国王の廷臣を務め、1910 年に伯爵の称号が与えられた。まさに当時のカタルーニャを代表する人物の一人だった。

後にアントニオ・ロペスの娘イザベルと結婚し、グエイ家とロペス家の間に縁戚関係が結ばれ、両家の経済的基盤を強固なものとしている。

アウゼビ・グエイの像（クルニア・グエイ教会のある
サンタ・クロマ・ダ・サルベリョ村）

ブルジョアジーがリードしたバルセロナの都市拡張計画

初めて描かれた都市のヴィジョン

カタルーニャの州都バルセロナの都市としての骨格は、1860年以後の19世紀後半に成立した。ガウディがレウスから移住してきた時代は、まさに都市計画の真っ只中にあった。

それは、カタルーニャ北部出身で、マドリッドで土木工学を学んだ都市計画家イルダフォンス・サルダー（1816〜76）による「バルセロナ近郊の計画とその再生および拡張地域の計画案」（1859年）が、翌年から具体化されていく過程を指している。

中世の佇まいを残すゴシック地区を中心とした旧バルセロナと、バルセロナ平原の旧グラシアなどの町々を併合する新バルセロナの都市のヴィジョンが初めて描かれたのである。

そこでは、中世以来の市壁の撤去に伴い、都市間を結ぶ50m幅の幹線道路と街区を区切る20m幅の道路が縦横に交差し、大聖堂を基点とする400mグリッドの9等分区画、つまり一区画133・33m四方（街区自身は、113・33m×113・33mとなる）のグリッド状をなす拡張地区を構成している。

発展が巨大なスケールで進行

サルダーの計画案は、居住密度の緩和と衛生環境の充実に基づく田園豊かな近代都市であり、街区で建築が許可されるはずだったのは四辺のうちの二辺のみであった。

なおかつ、建物の高さや建蔽率《けんぺいりつ》を制限し、内側のスペースを緑地などとすることにより、日当たりがよく、南北に風通しの良い健康的な空間が構想された。

ヨーロッパ中央の建築の近代化過程においても、コルビュジェなどの建築家たちが近代の住居の理念とした考え方の一つは、衛生学に依拠《いきょ》していた。サルダーの計画どおりであれば、街区の全体の面積の5分の3から3分の2はオープン・スペースとなるはずだった。

この「プラン・サルダー」を見るとき、バルセロナの発展がいかに巨大なスケールで進行したかが実感される。各ゾーンの均質性は、平等という理念でもあり、計画の遂行を公がリードしていくことの方向性を示すものでもあった。それゆえ、サルダーはあくまでも都市化の受益者負担を主張し、個人のイニシアティブによって拡張地区の造営を行おうと考えた。

しかし、インフラの整備は、いくらサルダーが個人のイニシアティブによる都市改造を訴えても、地権者各個人の手に負えるものではない。拡張事業会社といった企業が、多くの投資家から証券によって資本を集め、土地を購入して改良、地均《じなら》しをし、道路のインフラ整備などを行って、新たに区画を分割し販売した。すなわち、ことの進行は民間資本の意図のもとに行われることになったことを意味する。

永代所有財産の解放による財源確保

しかし19世紀には、計画の施工はパセッチ・ダ・グラシア通りやグラン・ビア通り周辺に限られており、この緩慢《かんまん》な進行はバルセロナ市議会の財源不足によることが素因であった。

そのために、大規模な永代所有財産解放を行ったメンディサバル法や、「教会永代所有財産の解放」令などにより、有閑《ゆうかん》階級の土地や、教会や修道院の土地の国庫への没収とその売却による財源の確保が図られる。

この措置によって、市内の多くの教会や修道院が取り壊され、所有地が競売にかけられる。その跡地には広場や市場が開かれ、工場や住宅に替わっていった。ランブラス通り沿いの修道院跡地には、ホテルや劇場

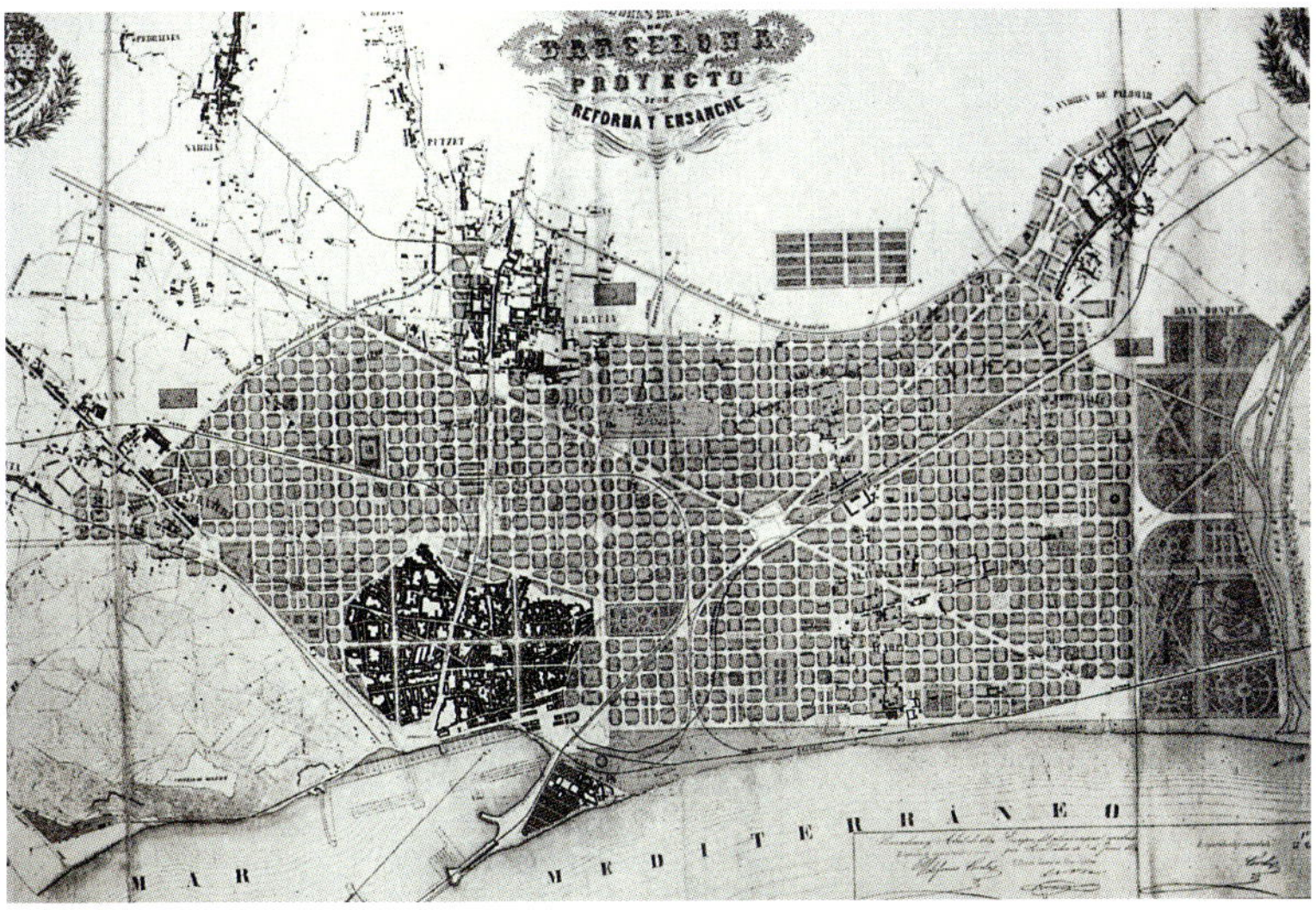

上／19世紀半ばころの中世の城壁を残すバルセロナ旧街区の地図。
下／バルセロナの都市計画家イルダフォンス・サルダーの拡張地域計画案（1859年）。

が建てられた。

理念よりも地権者たちの利益

バルセロナの都市拡張は、いくつもの銀行を経営し、実業界をリードしていったインディアーノスたちによる政治と建築ブームなどを反映しながら、その理念よりも、地権者たちの利益に動かされる形で進んでいくことになる。

インディアーノスの一人であるゴイティソロ家は、カタルーニャ広場周辺、ペライ通り、パセッチ・ダ・グラシア通り、アラゴン通りといった主要な部分の土地を買い求め、その地に集合住宅を建設して都市形成に関与する形で富をさらに高めていったのである。

家賃収入を得ることを目的とした簡素な賃貸用マンションも建てられるようになり、できる限り土地を有効利用したいと考える地権者は、拡張地区に緩やかな建築基準の適用を求めていく。そのときどきのバルセロナの政治経済状況と、地権者という一大圧力団体の利益を反映する形で進んでいく。

インディアーノスらのブルジョアジーも、自らの社会的地位の証明としてパセッチ・ダ・グラシア通り沿いの土地を購入し、自宅用の邸宅を建てた。大ブルジョアジーのための贅を凝らしたコロニアル風の邸宅や、後に通行人の目を引くムダルニズマ建築が建てられていくことになるのである。

Colegio
de las
Teresianas

テレジア学院

ANTONI
GAUDI

光によって空間的な深みと無限の遠近感を表現

1888～90年

ガンドゥーシェー通り85-105番地
施主：司祭アンリック・オッソ・イ・セルベリョ

❶

無限の遠近感を演出

同郷のグラウ司教を介して知り合ったイエズス聖テレジア女子修道会の創始者アンリック・オッソ・イ・セルベリョ司祭の依頼により、サン・ジェルバシオに*設計された女子修道院学校である。

ほぼ58m×18mの単純な矩《く》形《けい》平面を構成しており、切り出された石とレンガによる組積造《そせきぞう》の外壁が、四層に分割された内部ヴォリュームを包み込む。ガウディは自らの表現力を、この内部ヴォリュームの中心軸に集中させている。

通常、床は間仕切り壁によって支持されるが、そのため廊下の両側に部屋が配される中廊下型の積層《せきそう》建築では、その中央部は常に光の届かない暗部になりがちである。

それに対し、ここではスケールの異なる放物線アーチを垂直方向に力学的に組み合わせた。それによって、内部ヴォリュームは下階から上層階に上昇するにつれて縮小することによって中庭をもち、中庭を通して天空からの光が1階の中廊下まで降り注ぐようになっている。

ガウディは、2階の廊下を光庭に面した回廊へと変化させた。差し込む光によ

Photo:AGE FOTOSTOCK/アフロ

❸

❷

❶ガンドゥーシェー通り側からの外観。四隅に配された松毬《まつかさ》の十字架と屋上部の鋸垜《きょだ》が聖テレジアの「聖なる城」の印象を伝える。
❷レンガの柱と放物線アーチの迫元《せりもと》部分のアップ。
❸主階光庭に面した放物線アーチの回廊。
❹鋳鉄製の門扉。藤の花の下に、聖母マリアの心臓と聖女テレジアの心臓を表す象徴がデザインされている。

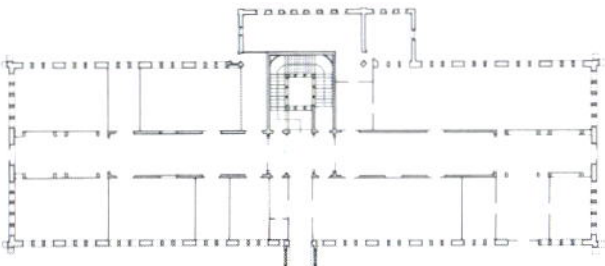

1階平面図 ❹ ❶

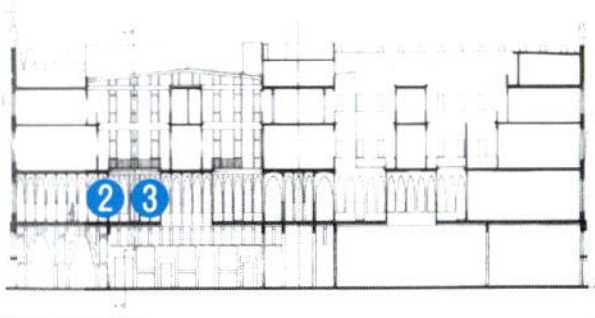

縦断面図

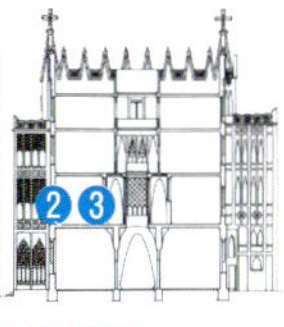

横断面図

って、空間的な深みと無限の遠近感を演出する。

放物線アーチが生む清楚な内部空間

テレジア学院の優れた手腕は、上昇的、外面的な感覚ではなく、水平的、内面的な深さにある。放物線は、そこでは力学的機能をもつと同時に、精神的な役割を果たす要素となる。

中世の城を思わせるファサードは、聖テレジアの教えにある「聖なる城」に由来するとされるが、放物線アーチの明快な構造を主体とする形態のリズムから導き出され、光あふれる清楚《せいそ》な内部空間を包み込む。同時に、精神的基盤であるアビラの聖テレジアの心性を、内部から外部へと放射する建築といえよう。

*この作品には最初の建築家がおり、既に工事中の段階でガウディは二番目の建築家として懇請されて設計に携わった。

❹

Palacio
Episcopal
de Astorga

アストルガの司教館

ANTONI
GAUDI

垂直性が強調された壮麗な宗教建築

1887～93年

レオン県アストルガ市
施主：司教ジュアン・バプティスタ・グラウ

❷

❶

三つの祭壇をもつ礼拝堂

レオン県アストルガに建つ司教館建築は、ガウディと同郷のレウス出身の司教ジュアン・バプティスタ・グラウから依頼されたもので、地階、1階、主階（2階）を介して屋階《おっかい》の各階からなる。

この建物の平面はギリシャ十字形で、南東に正面玄関、北西に三つの祭壇をもつ礼拝堂が配置されている。

アストルガの司教館本部が火災によって倒壊した後を受け、再建を手掛けたガウディは、隣接するルネサンス様式の聖堂に見劣りせず、かつ違和感が出ないように配慮している。

宗教建築にふさわしい壮麗さ

外観においては、円筒形や直方体の塔群の扱いにより、垂直性が強調されている。それは、東側に一段下がってこの敷地を支えている古代ローマの要塞《ようさい》の遺構に対応させ、司教館がこの遺構を引き立てているようにさえ見える。

現代の城のような灰色の花崗岩《かこうがん》が全体を覆《おお》い、遺跡を多く残す周囲の環境とも調和している。

また、内部空間においては、屋根に採

Photo:Iberfoto/アフロ

③

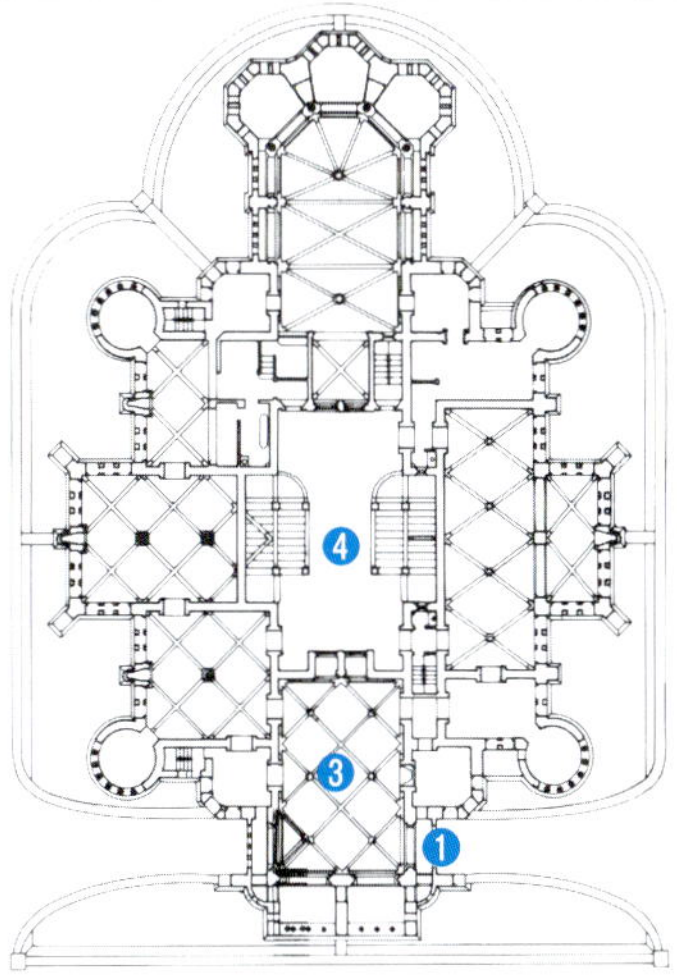

主階（2階）平面図

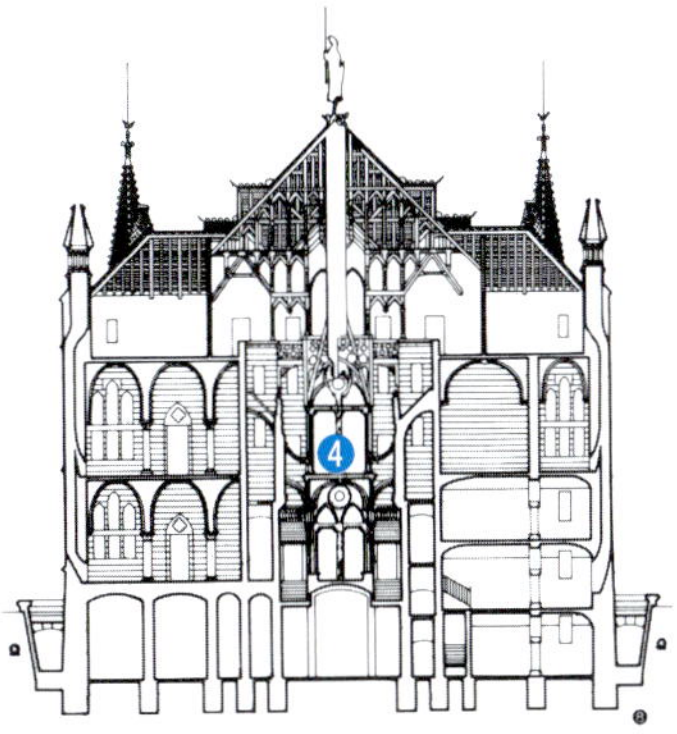

断面図

①花崗岩による緩やかな尖頂アーチ曲面構成の玄関部。

②《アストルガの司教館》外観。敷地の北東側には古代ローマ時代の要塞跡が残っており、擁壁《ようへき》の円筒部が司教館との連関をうかがわせる。

③主階食堂。

④１階中央ホールを見上げる。ガウディの計画では、屋根のハイサイドライトから１階の部分まで光が到達することになっていた。

④

光窓を設けることで天空からの光を集め、木造の小屋組みを透かして、建物中央の吹き抜けの空間で光を拡散させる。宗教建築にふさわしい壮麗さを与えるよう努めたようだ。

しかし、グラウ司教が他界した後、僧会とは折り合いがつかぬままこの仕事から手を引くことになったため、ガウディの空間的ヴィジョンは完璧には実現されなかった。彼が描いた断面図にその意図が残されるのみである。

Casa de los Botines

カサ・デ・ロス・ボティネス

ANTONI GAUDI

重厚なファサードと軽快なグリルの対比

1891～92年

レオン市サン・マルセロ広場
施主：フェルナンデス・イ・アンドレース商会

❶

重厚と軽快の対比

アストルガと同地方レオン県の県都レオン市にある代表的広場の一つ、サン・マルセロ広場に面して建つ商館併用住宅建築である。カタルーニャ出身のボティネス家の人々によって営まれるフェルナンデス・イ・アンドレース商会の依頼によって設計された。

この建物は、地階と地上4階からなり、地階と1階は建物所有者の経営する商会の営業用事務室に当てられていた。

地階は周囲に堀を巡らせており、建物の四隅には北方の城を思わせる塔が建っている。石灰岩の粗い石貼りの重厚なファサードに対して、堀に沿って貼られた鍛鉄《たんてつ》によるグリル（飾り格子）は対比的に軽快な印象を与え、外観の重厚感を和らげている。

1階は鋳鉄《ちゅうてつ》の柱が上階の間仕切《まじき》り壁を支える位置に配された平面をしているが、部厚い周囲壁との対照がモダンである。

主階（2階）は社員のスペース、3～4階は各々4戸の賃貸アパートになっており、これらの上に屋根裏部屋があり、

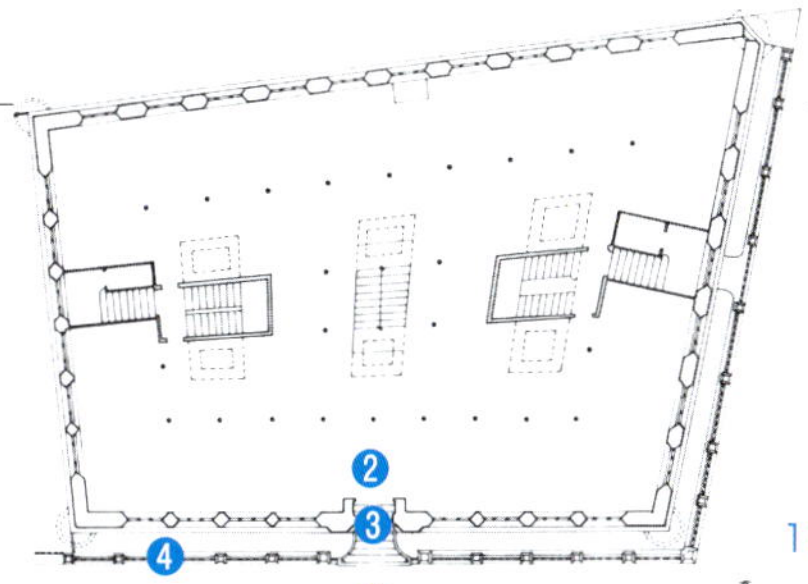

1階平面図

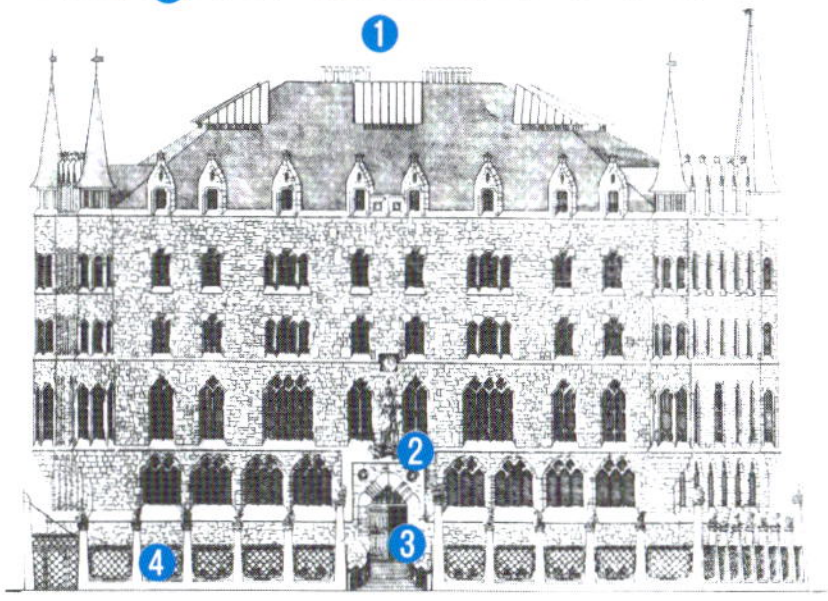

立面図

❶ レオン市のサン・マルセロ広場に建つ《カサ・デ・ロス・ボティネス》。
❷《サグラダ・ファミリア贖罪聖堂》の彫刻主任であるリョレンソ・マタマラの《龍を退治するサン・ジョルジュ》。カタルーニャ出身の施主のためにカタルーニャの守護神の彫刻を玄関上部に配した。
❸ 鉄扉の上に施されたレオンに因んだ、精巧な鍛鉄のライオン像彫刻。
❹ 建物周囲は空堀になっており、塀を兼ねるグリルが重厚なファサードに軽さを与える。

一連の採光窓から光を採り入れていた。屋根は木製の小屋組みで支持され、灰色の天然スレート（粘板岩を薄くした板）で葺かれていた。

玄関入口の上部には、龍を退治するカタルーニャの守護聖人サン・ジョルジュの石像が置かれ、施主の出身地への思い出を今に伝えている。

この石像は、《サグラダ・ファミリア贖罪聖堂》の主任彫刻家リョレンソ・マタマラとガウディの手により、バルセロナにおいて共作された。

> ガウディは石を用いて彼が希求するすべてを実現した。
> ――ル・コルビュジェ（建築家）

第2章 ▶ 運命を決定づけるパトロン、グエイとの出会い

Bellesguard

ベリェスガール

中世ゴシック様式を外観に生かす

1900～1916年

ベリェスガール通り16-20番地
施主：マリーア・サゲース・モリンス

❶

生き生きとした伝統主義の成果

20世紀初頭、ガウディはバルセロナ郊外に、フィゲーラス未亡人マリーア・サゲース・モリンスの邸宅《ベリェスガール》を設計する。その外観は中世の城館のような印象が深い。

なぜこの時代に、この様式を選択しなければならなかったのだろう。

ガウディは、この建築を敷地の性格に深く結びつけたかったようだ。《ベリェスガール》は、中世にバルセロナを支配した伯爵たちの邸宅の一つであった。そこからは、実り豊かな平原のかなたに船の出入りする地中海が眺望できた。

「ベリェスガール」とは「美しい眺め(bell esguard)」を意味し、この名前はこの場所の性格に由来する。

カタルーニャ＝アラゴン朝最後の君主、バルセロナ伯爵のマルティンⅠ世への思い出にふさわしい様式として、ガウディは中世ゴシックの様式を城のような外観をもって、この建築のために選択したのである。彼のいう「生き生きとした伝統主義」の成果といえよう。

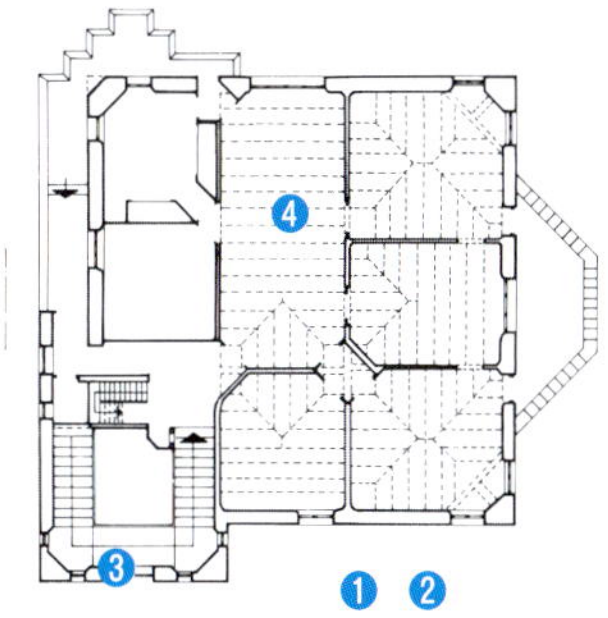

主階（2階）平面図

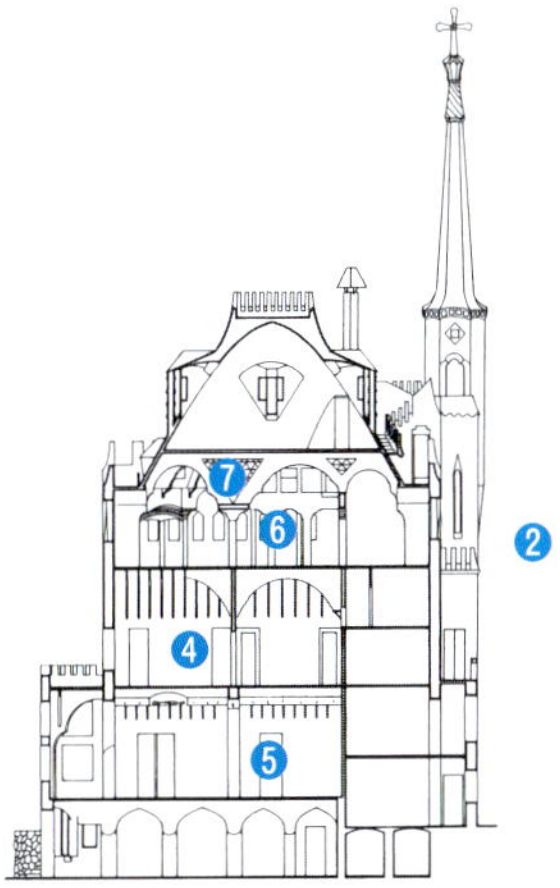

断面図

❶《ベリェスガール》竣工時の絵葉書。道路の土留擁壁（とどめようへき）、中世の廃墟（望楼に改造）、そして建物本体が背後に控える関係が読み取れる。現在は、この景観を見ることはできない。
❷建物主正面から見上げた外観。

Photo:Iberfoto/アフロ

ガウディの様式の概念

　土地産の石を外壁材として貼り詰め、残存していた古い鋸梁（のこぎり歯状の銃眼壁（じゅうがんへき））のある城壁の一部と、2本の塔の廃墟を、邸宅のための望楼として再生する。そのことでこの作品は、「ベリェスガール」の歴史的風景のなかに、調和的に根づけられたのである。

　「建設方式と協調する、あるいは土地固有の地形学的、風土学的、気象学的条件と協調するそれぞれの方式の体系が"様式"を形づくる」。

　これは、青年時のガウディの様式観である。「個々に解決された諸問題（歴史諸様式）を寄せ集め、異種の結果（新しい建築様式）を与えるために、それらを編集する（折衷（せっちゅう）する）ことに力を傾けることではない」と、覚書『日記装飾論』に記している。

　「時代のなかに、環境のなかに、その核心に自らを置くことである。そして、精神をとらえることである」。

　様式の概念は、建物のファサードを飾る一形式としての様式ではなく、高次の概念としての総合的なものに他ならなかった。

❸

Photo:Iberfoto/アフロ

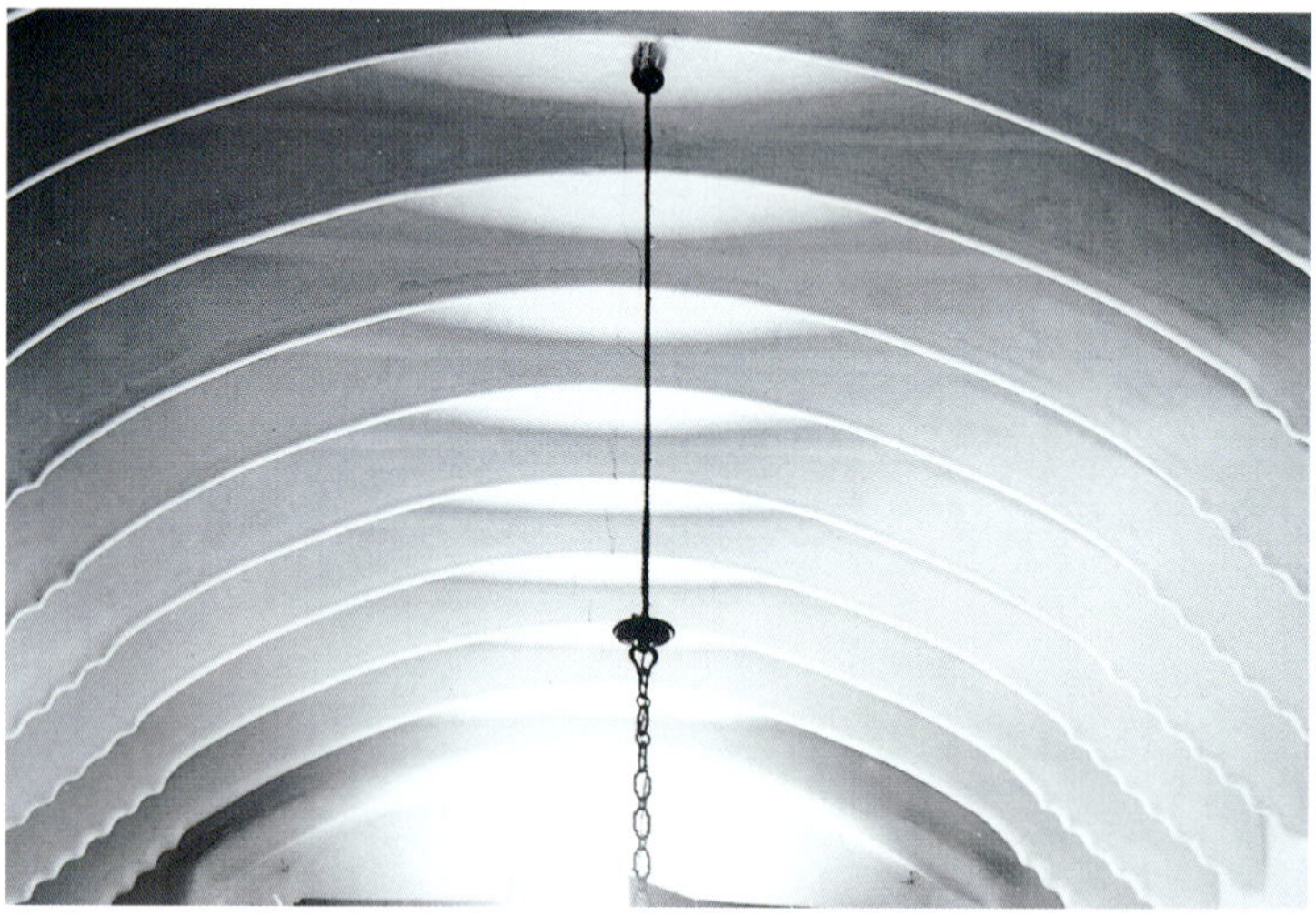

❹

❼

❸玄関ホールのステンドグラス。マルティン王の婚礼にちなんだものとされる。

❹主階居間の葉脈のようにも見える天井。

❺中2階にある応接間の天井。迫高《せりだか》の低いタビカーダ・ヴォールトと鉄のリブをよじった組み合わせが光と影の柔らかな表情を与えている。

❻屋根裏部屋のレンガ構造の明快な構成。

❼屋階レンガ素地のアーチ迫元のレンガ壁のトレイサリー。力が流れる部分以外は、自重を軽減している。

❺

曲線は限定を意味し、
直線は無限の表現である。

——ガウディ

6

Photo:Iberfoto/アフロ

Primer Misterio de Gloria en Montserrat

聖山モンセラットの「栄光の第一秘跡《ひせき》」

ANTONI GAUDI

無造作にくりぬかれた岩窟《がんくつ》聖堂

1900～16年

モンセラット山
施主：モンセラットの聖母精神同盟

Photo:Jose Fuste Raga/アフロ

❶

❶モンセラットの奇岩と、修道院、宿泊施設群。
❷ダイナマイトでくりぬかれた自然の岩窟聖堂。三人のマリア像と復活するキリスト像によって構成されている。

実現した唯一の構想

カタルーニャ人にとって信仰の聖地とされているモンセラット山の中腹に計画された、いわば自然に抱かれた聖堂である。ガウディは、モンセラット山についていくつかの構想をもっていたようだ。しかし、これらの構想のうち実現したものは、この《栄光の第一秘跡《ひせき》》だけであった。

それは、モンセラットの聖母精神同盟という団体の発意によって実現されたもので、ロザリオ記念堂のための小規模の仕事だった。

まず、ガウディはダイナマイトで無造作に岩山をくりぬいた。ここを岩窟聖堂とし、彫刻家ジュゼップ・リィモナによる墓と奇跡に驚嘆する三体のマリア像を配し、さらに外部の岩壁には一段高いところに復活するキリスト像を据えることで全体をデザインした。

鋳鉄《ちゅうてつ》による飾り格子《こうし》には、アルファやオメガの文字が施されている。

また、ガウディは、詩節のような言葉をここに残している。

「《栄光の第一秘跡》は、祭壇として使用される墳墓《ふんぼ》と、正面に果樹の植え込みをもつ予定であった。キリスト復活の日、曙《あけぼの》の光の下でミサが行われるだろう。小夜鳴《さよな》き鳥の震える鳴き声の調べにのせて――」。

……ガウディは最も完全な人間の、
最も熱烈な人間の、
最も偉大なキリスト者の一人であった。
青い眼と至福と甘美さによって輝く顔、
そして百合のような花に似た白い髪を蓄えて、
私たちの通りを慎ましく通り過ぎて行った。
最も卓越した徳の香りを周囲に残した。

——J・リョンゲラス（カタルーニャの詩人）

Restauración
Catedral de
Mallorca

マリョルカ大聖堂の修復

ANTONI
GAUDI

修復・再生についての創作態度を示す

1902～14年

パルマ市マリョルカ島
施主：大聖堂参事会（司教ペドロ・ジュアン・カンピンス）

Photo:Photononstop/アフロ

❶

内部機能の秩序を整える

ガウディは、マリョルカ島にあるカタルーニャ・ゴシックを代表する《マリョルカ大聖堂》内部の修復を手掛けた。

この作品においてガウディがかかわったのは、要約すれば二つの部分である。一つは、内陣へ聖歌隊席を移し、祭壇の位置を前にもってくる、教会の内部機能の秩序を整える作業である。

もう一つは、ガウディの弟子ジュゼップ・マリア・ジュジョールによる聖歌隊席の壁画と、歴代の司教楯の象嵌《ぞうがん》、大窓、天蓋《てんがい》－シャンデリア、説教台の五箇所のデザインであった。

大窓のステンドグラスは、三原色の赤、青、黄の組み合わせを少しずつ変化させた三層の色ガラスを用いて実現している。

天蓋（祭壇や司祭座などの上部の覆い）は、アメリカの彫刻家アレクサンダー・カルダーの〝モビール（動く彫刻）〟のように、傾けられて空中に浮かんでおり、実に軽やかな印象をもつ。

きらめく光が祭壇の上で安らいでいる情景のなかで、無造作に配されたかにも見える豆ランプや、透明な宝石、ブドウの房、麦の穂が新たな生命に輝き、この

彼の創造精神の中に内在する宗教的詩的感動の
根源を探らずに評価することは
建築家ガウディへの正しい巨大性を見失うものであり、
むしろ僅かしか彼の半面のみを理解するに過ぎない。

——今井兼次（建築家）

Photo:Alamy/アフロ

❶《マリョルカ大聖堂》外観。
❷大聖堂のバラ窓のステンドグラス。
❸祭壇部の照明。儀式に祝祭的効果を与えている。
❹天蓋を吊り下げているワイヤーとその結節部の照明。糸杉の実の形状で、信仰の不朽を象徴する。
❺主祭壇のモビールのような天蓋。

天蓋に注ぎ込まれた芸術家のヴィジョンをあらわにしている。

宗教的、空間的状態を元に戻す

ガウディは、大聖堂の建築自身には、ほとんど触れることはなかった。彼が行ったことは、中世期以降に加えられた内部空間におけるさまざまな改変を取り去り、この聖堂内の宗教的、空間的状態を元に戻したにすぎない。

この作品は青年時の『日記装飾論』に記された考え方の実行であり、青年時の思想が生き続けてきたことに驚くとともに、ガウディの修復・再生についての創作態度を示すものであった。

Casa Calvet

カザ・カルベット

ANTONI GAUDI

住宅の内外に自然主義的な象徴をあらわす

1898～1900年

カスプ通り48番地
施主：パラ・マルティール・カルベットの未亡人とその息子たち

Photo:Alamy/アフロ

❶

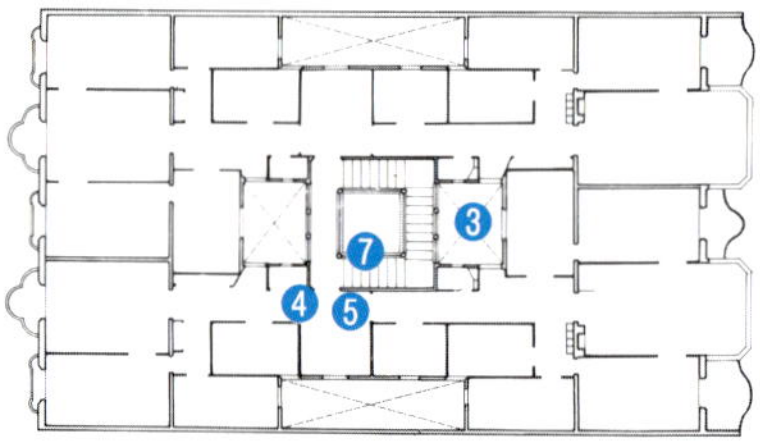

3、4、5階
平面図

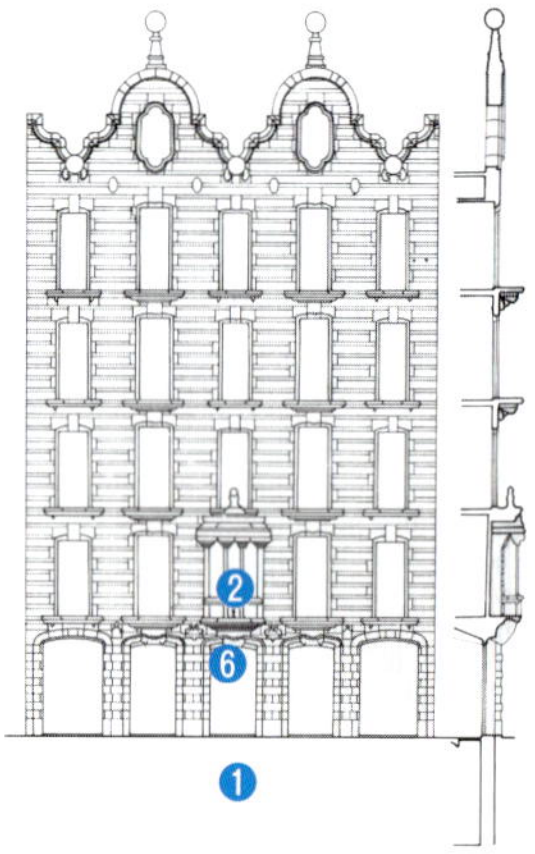

正面の立面図
および断面図

❶

❶カスプ通り側《カザ・カルベット》のファサード。頂部は円形の軒破風《のきはふ》をもつカタルーニャ・バロックとしてまとめられている。

❷主階トリビューンまわりの部分。鋳鉄《ちゅうてつ》のグリル部分はカルベットが植物学の愛好家であったことから、さまざまな茸《きのこ》で飾られている。

施主の経歴や好みのものを造形化

　ガウディが綿織物業者のパラ・マルティール・カルベットの未亡人とその息子たちのために設計した住宅作品で、同業者が集まるバルセロナ旧市街近くの拡張地域の一角に建てられた。

　切石積《きりいしづ》みで仕上げられたファサードの開口部は五連のグループに分かれ、バルコニーと協調しながら、統一感のある凹凸のリズムを形成しつつ秩序を保っている。

　このリズムは、主階（2階）の開口部の並びから中央のトリビューン（階上廊）の両側へと移り、さらに屋根を隠すバロック風の円形の軒破風《のきはふ》にまで続いている。江戸切り（石材の表面の仕上げ法の一つ）を思わせる切石の端正な壁面の取り扱いが、古典的な抑制された表現を強めている。

　主ファサードをつぶさに見るとき、ガウディが込めたもう一つの主題が私たちの眼前に浮かび上がる。カルベット家に由来する事象の象徴や、銘刻《めいこく》、思い出の諸形象の数々が、この抑制された主ファサードを再構成し意味づけているからである。

Photo:VIEW Pictures/アフロ

❷

たとえば、カタルーニャ・バロック様式的表現である切り妻部に見られるのが、カルベット家の出身地ビラサール・ダル・マルの守護聖人像であり、1階の開口部の添え柱は、施主の織物工場で使用されている糸巻きの形態である。

また、玄関の扉上部には、バロック的表現によるトリビューンの構成が展開されており、その床裏には所有者の頭文字「C」のまわりに、歓待を意味する糸杉やオリーブの小枝、そしてカタルーニャを象徴する楯のデザインが施されている。

さらには、バルコニーの手摺と手摺子(手摺の下につく支柱)に、カルベットがこよなく愛した茸類が、鋳鉄を用いて配されている。施主の経歴や好みを知りつくして設計する、姿勢の一つのあらわれでもあろう。

▶デザインと自然のフォルムとの関係

この作品は、拡張地域の一般的な建物と変わらぬたずまいのなかに、濃密なバロック的表現によるさまざまな自然主義的な象徴があらわれているが、同様に精緻なディテールが、家具や調度品など、内部空間の諸要素にも引き継がれている点が印象的である。

第2章 ▶運命を決定づけるパトロン、グエイとの出会い

Photo:The Bridgeman Art Library/アフロ

❸

そのなかで、内部のエレベーターまわりに、居住者の木製入口扉があるが、そのドアノブ（引き手金物）や覗《のぞ》き穴用目隠しグリルは、鍍金《ときん》（メッキ）された彫刻的な扱いで、ガウディ自らが腕をふった精巧なものである。ドアノブは、扉をあけるために手を握る動作を粘土に加えてつくったデザインだろう。覗き穴用グリルも、粘土に親指を押しつけてえぐり取った開口部の集積である。

スケールを変えれば、《カザ・ミラ》のファサードにつながっていくような造形といえるだろう。《カザ・ミラ》も、その習作過程で粘土から始められたことが知られるからである。

この小物に込められた事柄は、この住宅で使用される家具類の生物学的な取り扱いと関連しよう。椅子の足元が人間の足元のフォルムに繋《つな》がってきているのである。

ガウディが、建築のデザインを自然のフォルムとの関係でとらえていこうとした傾向が、ここにあらわれているという意味で、《カザ・カルベット》は重要な画期を示しているといえる。

❺

❹

❼

❻

❸エレベーターと１階ホール廻り。
❹集合住宅の木製入口扉。
❺木製扉の鍍金《ときん》した覗き穴のカバーと、ドアノブ。ガウディが粘土に指を押し当てくりぬき、また手で握り締めるなどの習作から作り出された。
❻玄関上部にカルベットの「C」と、歓待を意味する糸杉の石の彫刻が飾られている。
❼エレベーターまわりの階段と木と鍛鉄《たんてつ》による手摺《てすり》部、タイルや人造石によるソロモンの柱、木製の待ち合いのベンチが見える。

第3章

ガウディ集大成の豊饒《ほうじょう》な建築作品群

1904—1926年

円熟期を迎え、その作品はガウディらしい豊饒な曲線や曲面のものへと変貌する。晩年には、一人の透視者としてあらわれる。そして、没後もなお、彼の建築理念は未完の大聖堂に表現化され続けている。

ガウディ作品に対する、三つの視点

20世紀に入ると、建築作品はいかにもガウディらしい曲線や曲面の豊饒なものへと変貌する。それら作品の形態解釈をめぐる論究は、彼の人と作品の意味づけに深くかかわるため、さまざまな角度からなされてきた。それらは主に三つの視点に整理されよう。

一つ目は、作品形態の起源を自然の諸形態に求める自然主義的態度である。

二つ目は、アフリカの住居や鳩舎《きゅうしゃ》も含めたプリミティブ芸術の造形との関連を注視する態度である。

三つ目は、シュールレアリストたちがオートマティスム（精神自動記述法。意識下の世界を表現するために理性や既成の美学を排除して、観念を速記する手法）の作詩法に基づいて讃美した、フランスの郵便配達夫シュバールの偶然的、即興的な制作態度に類縁を求めるというものである。

透視者としてのガウディ

ガウディは晩年、見えないものを見る一人の透視者としてあらわれる。

「天使の叡智《えいち》は、平面的に考えることなく、空間の問題を直接的に見られることにある。天使だけが絶え間なく祈ることができる」、あるいは「天使の知性は三次元であり、直接的に空間中で働く」という天使論を展開する。

また、《アストルガの司教館》構想の発案者で、ガウディの畏敬《いけい》する同郷人グラウ司教の死に対して、透視者のような言葉を残している。

「だれも、アストルガの司教の病気を気に留めなかった。私はすぐに司教が死の病にかかっているのを理解して、周囲の人々にそのことを語った。なぜ私が、司教が死の病にあると悟ったかわかりますか？　司教が生きられないという考えをもつほどに、非常に美し

ガウディの制作と出来事

1904年 52歳	《カザ・バッリョ》(～1906年)
1906年 54歳	《カザ・ミラ》(～1910年) ポメレット急流の水道橋を設計。
1907年 55歳	ハイメⅠ世生誕700年祭のための記念碑建立。
1908年 56歳	《テレジア学院》のための礼拝堂を設計(～1910年)。
1909年 57歳	《サグラダ・ファミリア贖罪聖堂》に附属する学校の建築。
1910年 58歳	2月14日、パリでガウディ展開催(ガウディは出席していない)。 伯爵に列せられたアウゼビ・グエイのために、貴族の紋章をデザイン。
1912年 60歳	ブラネスのサンタ・マリア教区教会のために、説教壇を2基設計。
1915年 63歳	バルセロナ県のマンレーザ大聖堂の修復と新しいファサードの設計。
1916年 64歳	親友の司教ジョゼップ・トラス・イ・バジェスが死去し、《サグラダ・ファミリア贖罪聖堂受難のファサード》の前に記念碑を設計。
1922年 70歳	カタルーニャ合唱団の記念アルバムにデッサンを描く。
1924年 72歳	バレンシアにある教会の説教壇を設計。年号が記されたガウディ最後の作品とされる。
1925年 73歳	《サグラダ・ファミリア贖罪聖堂》の聖バルナバに捧げられた鐘塔が完成する。
1926年 74歳	6月10日、バルセロナのサンタ・クルス病院にて死去。《サグラダ・ファミリア贖罪聖堂》を出て、聖フィリッポ・ネーリ礼拝堂に向かう途中に市電にはねられるという不慮の事故による。

《グエイ公園》波打つ多彩色のベンチ遠望。

Photo:富田文雄/アフロ

右頁／《カザ・ミラ》屋上のペントハウスの巻き立つようなフォルム。
右／《サグラダ・ファミリア贖罪《しょくざい》聖堂》の誕生のファサード鐘塔。

Photo:SIME/アフロ

く変容しているのを見たからです。美しかった。あまりにも美しかった。人間的なものいっさいが司教から消えていた。顔の輪郭、色、声が……。残っているものは、物とかかわりのない、それを超えるものであった。完全な美は生きることはできない」。

　このような透視者としてのガウディにとって、「物とかかわりのないそれを超えるもの」としての不可視のフォルムは、創作する身のまわりに生き生きと存在していたに違いない。

　ガウディが《サグラダ・ファミリア贖罪《しょくざい》聖堂》において腐心した中央身廊部の柱は、二重らせん面という高次のフォルムをもって決定された。それはさまざまな柱の真の総合である。それ自身、運動を、成長を、さらに神への精神的上昇を象徴するものであった。

　そして、樹木の内面的な生長と運動を、力の流れに則して変容するフォルムとしてくみ尽くし、さらにそれを、精神的、宗教的な意味を付与するまでに高められたフォルムとして具体化する。

　このガウディの形態把握のなかに、外面的形態の奥にある内面的形態としての不可視のフォルムを透視する目と、「世界の諸関係を生き生きと感受する」確固とした内なる創造精神の存在とを感得できるように思う。

Casa
Batlló

カザ・バッリョ

ANTONI
GAUDI

古典的な建築をガウディらしく変貌させる

1904～06年

パセッチ・ダ・グラシア通り43番地
施主：ジュゼップ・バッリョ・イ・カザノバス

Photo:mauritius images/アフロ

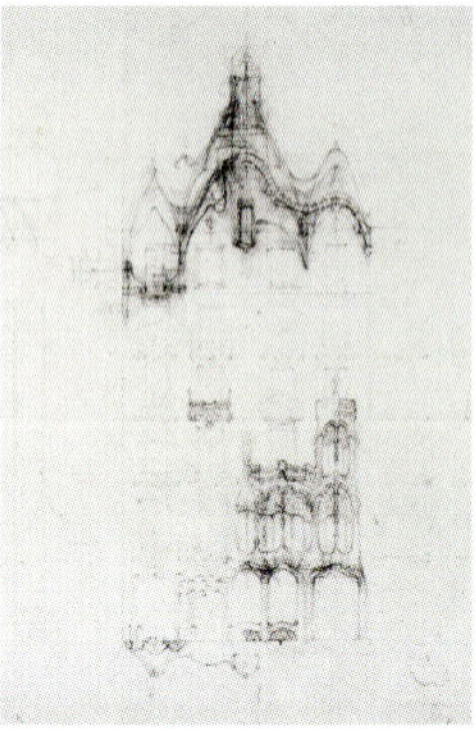
カザ・バッリョ、ファサードのオリジナル鉛筆エスキス（1904年頃）

2階平面図
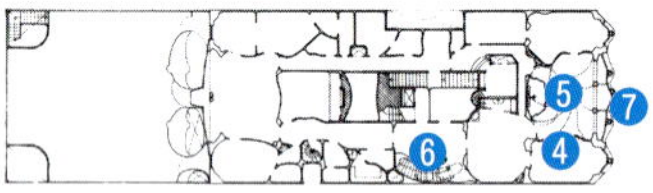

断面図
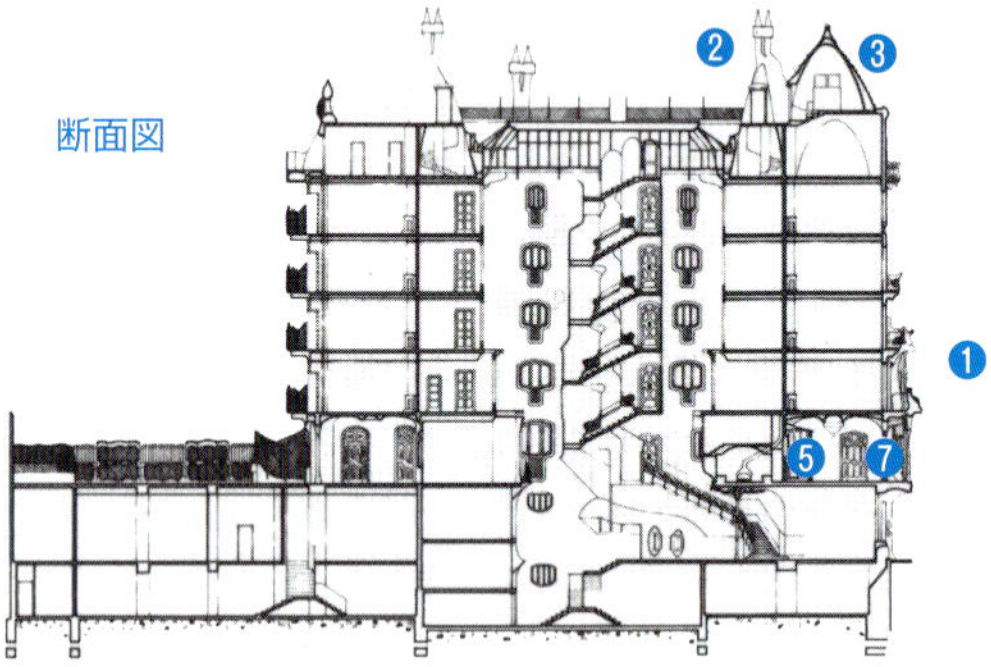

ガウディらしい建築へと変貌

20世紀初頭、バルセロナの拡張地域の中心街パセッチ・ダ・グラシア通りに《カザ・バッリョ》が建築される。バッリョ家もカタルーニャの名門で、施主のジュゼップ・バッリョ・イ・カザノバスは繊維業を経営する実業家であった。

ジュゼップの縁戚は、ガウディのバルセロナ建築大学の教授で建築家のジュゼップ・ビラセカ・イ・カザノバスに依頼して、歴史諸様式の折衷《せっちゅう》的なファサードをもつ自邸・集合住宅を、パセッチ・ダ・グラシア通りやグラン・ビア通りに建てている。

しかし、《カザ・バッリョ》の施主は、財界にいてグエイから得られた情報や風評をもとに、パセッチ・ダ・グラシア通りに面する既存の建築を改修する形で、おそらく歴史様式とは違う趣意の建築としてガウディに依頼することになったのだろう。

通りに面する東側のファサードを縁取《ふちど》る、あたかも甲殻類《こうかくるい》の皮膚を思わせる屋根、四本腕の十字架を頂く球根状の量塊《マッス》、そしてガラスモザイクと円形陶板の色彩が緩やかに波打つ壁面が印象的

> ガウディは建築を、空間と形態の関係および色彩そして構成の三つにおいて把握する。そして、彼は〈建築の魂〉と呼ぶ光が、これら三つの関係を明らかにし、それに生命を与えることを知っていた。
>
> ——J・ルイス・セルト（スペインの建築家）

❶《カザ・バッリョ》東側外観。バルセロナの中心街、パセッチ・ダ・グラシア通りに面しており、立地のステイタスの高さがうかがわれる。
❷屋上換気塔群。
❸屋上屋根部の陶板瓦部分。放物線アーチ構造を覆うため、ガウディが焼かせた。

だ。ダリが、朝日を受けるファサードを、「湖面の螺鈿のようだ」と語ったように。ここでは、既存建築が依拠していた古典的な規範を、完膚なきまでにガウディらしい建築へと変貌させたのである。

〉最も傑出した鉛筆下絵（エスキス）

ガウディは1901～02年ごろ、《カザ・カルベット》の家具デザインをスケッチしている。それは、ガウディ研究の碩学コリンズやバセゴーダが明らかにした「ダイナミックで流れるような質」をもつ線描の系譜の端緒を形成するものである。

レウスの《慈悲心の至聖所》のためのエスキス（下絵。1900～06年）、《グラネー邸計画案》の平面や立面のエスキス（1904年）、さらに《クルニア・グエイ教会》の力線図のためのスケッチのなかで、この《カザ・バッリョ》のファサードの鉛筆エスキスは、最も傑出した事例であった。

〉果敢に試みられた空間デザイン

ガウディは、《カザ・バッリョ》の内部デザインにおいて、動線まわりに力を

❹

❹主階サロンと前室を隔てる折りたたまれる可動壁。
❺主階サロンの渦を巻く天井と照明(後に取りつけられたものである)。
❻バッリョ家の玄関は1階にある共通の玄関のなかにあり、植物のように生長する側桁《がわけた》の木製階段が上階へと上昇し、渦巻く天井に収斂《しゅうれん》するかのようだ。

傾けたようだ。

光庭に、バッリョ家の玄関ホールが内包されている。主階（2階）へと至る木製階段が、2階ホールに向けて植物のように生長する。カシでできた波打つ側桁《がわけた》（階段を支える両側に配した桁）は、踏み板と手摺《てすり》が一体となって、緩やかにうねる壁と天井の幻想的空間のなかに溶け込んでいく。

さらに、天井に穿《うが》たれた照明が自然光のように降り注いでこの階段の曲線を照らし出し、光と影の交錯する濃密な空間をつくりだしている。

《グエイ邸》や《カザ・カルベット》の内部空間におけるのと同様に、人は《カザ・バッリョ》の内部空間の有機体を構成する建築的要素、木製の枠や扉や側桁、陶器や鉄の造形の一つひとつに心を奪われるだろう。

だが、しばらく間をおけば、この建築家がそれらの諸要素を巧みに調和させながら、空間にこそ力をおいて自らの才能を注いでいることに思いを致すだろう。

すなわち、ガウディは《カザ・バッリョ》において、一つひとつの克明なディテールや濃密な造形を、人間のムーブマン（律動）に対応する空間の変容へと転

> 創造は人間を通して絶え間なく働きかける。
> しかし、人間は創造しない。発見する。
> 新しい作品のための支えとして自然の諸法則を
> 探究する人々は創造主と共に制作する。
> 模倣する人々は創造主と共には制作しない。
> それゆえ、独創とは起源に帰ることである。
> ——ガウディ

❺ Photo:The Bridgeman Art Library/アフロ

調させたのである。

主階の中央部広間の天井面は壁と一体になり、光源を目指してらせん状に急速に渦巻く。あたかもそれは、《カザ・バッリョ》の躍動する内部空間の連続性を象徴するかのように。

《カザ・バッリョ》において果敢に試みられたこの空間の変容こそ、ガウディという「人間を通して絶え間なく働きかける」創造のベクトルが、建築の制作の繰り返しのなかに「発見」した空間のフォルムといえる。

❻ Photo:The Bridgeman Art Library/アフロ

FARMACIA
Transports
ARTISTAS

7 主階サロンのパセッチ・ダ・グラシア通りに開かれた連続窓。円形のステンドグラスが軽やかさを与えている。

Photo:The Bridgeman Art Library/アフロ

Casa Milà

カザ・ミラ

周辺環境に対応する量塊《マッス》としての建築的シンフォニー

1906～10年

パセッチ・ダ・グラシア通り92番地、プロベンサルス通り261-265番地
施主：ミラ・イ・カムプス

❶

「石切り場」と呼ばれ批判される

《カザ・ミラ》は《カザ・バッリョ》に続き、バルセロナの中心街パセッチ・ダ・グラシア通りに立ち上げられた、ガウディのもう一つの建築的シンフォニーといえるかもしれない。ワグナーの楽曲にも譬《たと》えられるように。

人々は表現を失って、それを「ラ・パドレラ（石切り場）」と呼んだ。工事の仮囲いが外された《カザ・ミラ》に騎馬警官が出動する、見物に訪れた人々でごった返す様子の古い写真が残っている。荒々しい石積みが、連続する地質学的な波打つ様相を呈していたからだろう。

この言葉は、果たして《カザ・ミラ》に対する讃美の素直な表現だろうか。むしろ辛辣な風刺と解釈したほうが当たっていよう。

つまり、これらの表現は、別の角度から見れば、20世紀初頭の時代思潮と、好《こう》尚《しょう》（嗜好）の変化の反映と読み換えることもできるだろう。

美術評論家シリシは、19世紀末から20世紀最初の四半世紀を、カタルーニャ・ムダルニズマから、その反動としてのヌーサンティズマ（20世紀主義）への変遷《へんせん》

❷

❶《カザ・ミラ》外観。ガウディは133.33m×133.33mの街区の建築的ヴォリュームの隅角部を、自覚的にとらえてデザインした。
❷《カザ・ミラ》軒先部の銘刻、「Ave Gratia Plena Dominus Tecum（めでたし聖寵充ち満ちている聖母マリア）」が刻まれているが、その一つ「Dominus」をあらわしている。

《カザ・ミラ》に向けられた批判に対するガウディの返答

《カザ・ミラ》が、ムダルニズマの「混乱、無秩序」を象徴する作品となった事情について、作家ジュゼップ・プラは、ガウディとヌーサンティズマの画家ドゥマネク・カルラスの《カザ・ミラ》屋上での会話という形で、次のように伝えている。

カルラス　このファサードの曲線でできた形態と量塊《マッス》を、あなたがどう正当化しているのか、証明してほしいね。

ガウディ　この形態と量塊《マッス》は、ここから見えるクイサローラやチビダボの山々の形態や大きさに一致している点で価値がある。

カルラス　しかし、《カザ・ミラ》のてっぺんのここからは、海も見えるし、水平線は直線だよ！

ガウディ　直線なんてものは、自然のなかには存在しないさ。

カルラス　自然は数学じゃない！　だが規則的な形態、一つのスタイルというものが精神を満足させるのだ。無秩序でないものは、すべて人間を満足させる。

ガウディ　だからといって、人間を満足させようと努めるばかりが能じゃない！

この会話にみるカルラスに対するガウディの態度は、《カザ・ミラ》に向けられた批判や多くのカリカチュアに対する彼自身による返答だった。

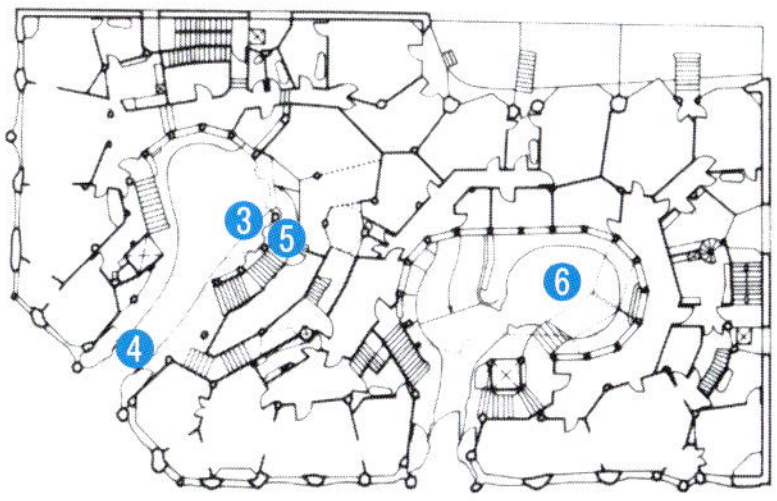

1階平面図（現状）

ファサード展開図、断面図・平面図　❶

としてとらえる。

そして、前者の特徴が「混乱、無秩序、視覚性、野望」であるのに対して、後者の特徴は「秩序、尺度、感じやすい主題への愛、簡潔」とする。

ヌーサンティズマの思潮は古典回帰への思想であり、イタリア・ルネサンス期の建築をそのままの表現に示されている。このようなヌーサンティスタたちにとって、彼らの忌み嫌うムダルニズマの「混乱、無秩序」を象徴する作品こそ《カザ・ミラ》と映った。

自然との対応を考えた建物

《カザ・ミラ》に向けられた批判や多くのカリカチュアに対するガウディ自身の返答は、上記のコラムで示した。

重要なことは、《カザ・ミラ》の形態と量塊《マッス》が、バルセロナの町を取り巻くクイサローラやチビダボの丘陵の形態と大きさとの対応によって決定されたということである。

当時の建築家たちが、道路に面する一面のファサードを歴史様式の折衷《せっちゅう》という範囲で新しいデザインを考えていた時代に、《カザ・ミラ》は都市計画家サルダーによる都市計画街区の一部でありなが

ガウディの建築は新しいヴォリュームの、
新しい形態の空間的建築であり、
光と影と色彩が投影される空間的建築であり、
薄明と光を通すことのない壁や柱の、建築的諸要素の介在によって
構成される光の開けた空間であり、輝く、
明るい光を発する透明な建築、
力強く清澄な建築、物質を変貌させる建築、
生命ある炎のように燃え上がり、安らかに休息する
夢想のようにくつろいでいる建築なのである。

――アルベルト・サルトリス（イタリアの建築家）

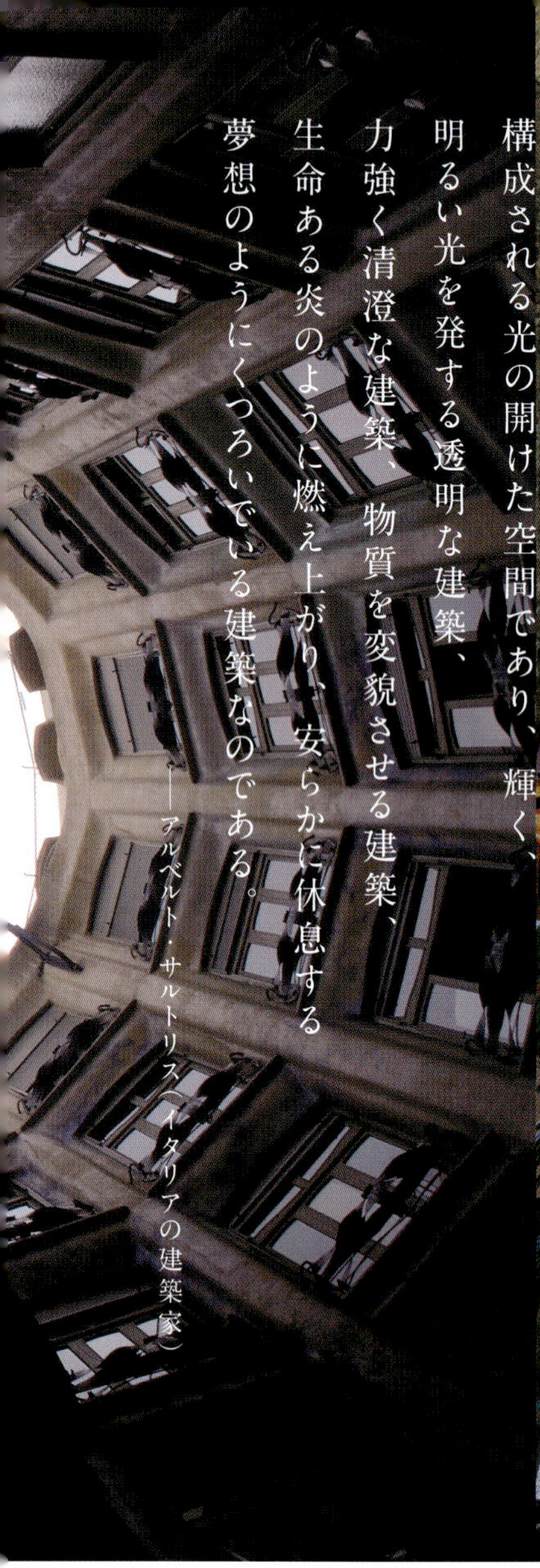

Photo:Steve Vidler/アフロ　③

③1階中庭から主階へ上る外部階段。鍛鉄《たんてつ》の手摺グリルが素晴らしい。
④円形中庭の入口扉。⑤階段手摺部の鍛鉄《たんてつ》のグリル。

⑤

④

ら、その角地であることを自覚的に受容して、さらにバルセロナの都市の容貌を

6　Photo:Photoalto/アフロ

6《カザ・ミラ》の二つの中庭のうち、楕円形フォルムの中庭から見上げる。

変革させるような果敢なデザインを行ったといえよう。

すなわち、《カザ・ミラ》はアール・ヌーヴォー風の形態をまとった都市建築ではなく、自然との対応でそれに匹敵する量塊《マッス》をもった、自然そのもののヴィジョンを担った建築であったということである。ガウディがカルラスに語った言葉は、そのままに受けとめられなければならない。

《カザ・ミラ》の量塊《マッス》、そのファサードの彫りの深い壁面に、荒々しい鍛鉄《たんてつ》の造形がバルコニーの手摺《てすり》を形づくり、岩床に絡《から》みつく海藻《かいそう》のようだ。壁面は各階層のあたりで大きく波打ち、繰り返し連続する局面を波頭が鋭く切り分ける。さらに小さな水泡は柱頭を形づくり、軒蛇《のきじゃ》腹《ばら》へと至る。そこには、「Ave Gratia Plena Dominus Tecum（めでたし聖寵《せいちょう》充ち満ちている聖母マリア）」とラテン語で刻まれる。

古代建築をベースに独自の造形理念を入れる

ガウディはギリシャのパルテノンに触れながら、量塊《マッス》とディテールの取り扱いについて述べている。

⑧

⑦

⑦屋上の起伏に換気塔群や煙突群がつくりだす小路。そこからバルセロナの街や、地中海、クイサローラの丘陵が眺望できる。

⑧波打つ屋上部。屋上の床はレンガの懸垂線《けんすいせん》アーチで支持されているが、支持点の距離が大きくなればアーチの迫高が高く、小さくなれば迫高が低くなることから、屋上に起伏が生まれるのである。

⑨屋上換気塔群。戦士を思わせる表情と、空き瓶の破片のコラージュ。

「巨大な量塊《マッス》は、それ自身高められた装飾の一要素である。ある部分に微妙だが力強く繊細な輪郭を施すことによって、材料の精緻さと豊かさを示し、偉大さを鮮明にすることができるならば、この偉大さを創造すること以上に的確な装飾とは、いったい何であろうか」。

ガウディは、《カザ・ミラ》を周辺の自然や街区のヴォリュームに対する「巨大な量塊《マッス》」としてとらえ、ギリシャ人がそうしたように、「力強く繊細な」ディテールを施すことによって、その「偉大さ」を鮮明にし、創造したといえよう。

それゆえ、カタルーニャの哲人プジョルスは、次のようにいうことができたのである。

「私たちは、この《カザ・ミラ》のなかに、古代建築のあらゆる自然発生的な運動を発見し、洞察するのである」。

こうした意味で《カザ・ミラ》こそ、古典の造形理念を果敢に引き受け、継承し、それを自らの造形理念にまで高めた近代の作品であり、さらに「量塊《マッス》を強調して荒々しさと素朴さだけによって自然を感得させる」という、彼の創作態度が結晶化した作品だった。

常に私たちの心をとらえ、
凶暴に、しかし優しく浸透する
不可思議的なるもの、
矛盾的本質に満ち、反抗に満ち、
私たちを微笑へと導くのか、
恐怖へと導くのか知らぬ。
石と化したすべての形態の中に、
鉄の諸脈動のなかに、
飾りレンガとガラスの
輝きのなかに、
ガウディは存在する。

――J・エデゥアール・シルロット
（カタルーニャの美術評論家）

9

Park Güell

グエイ公園

石と陶片の多様なテクスチャーが展開する都市公園

1900～14年

バルセロナ市オロット通り（正門）、カルメロ街道、サンホセ・デ・ラモンターニャ通り（裏門）
施主：アウゼビ・グエイ

❶

未完で終わった事業の跡地が公園に

20世紀初頭、ガウディはグエイが住宅産業への事業展開とともに構想した60戸の都市住宅地計画を手掛けている。その計画はイギリスの田園都市構想や、グエイ自身のフランス・アヴィニョンの公園の空間体験などから推しはかられてきた。

場所はバルセロナ郊外のムンターニャ・パラダ（禿山とされる岩が露出する丘陵斜面地）で、計画はインフラストラクチャー（環境設備や生活関連設備など）の整備から始まった。

土地区画の起点となったのは、主入口の二つの管理・サービス棟、プロムナード、色彩豊かな陶片モザイクの波打つベンチに囲まれたギリシャ劇場、その下にある列柱ホールで開かれる市場、最も高い場所に建設される予定の教会である。

しかし、この事業は2戸の住棟の建設だけで終わり、現在はバルセロナ市の都市公園《グエイ公園》としてにぎわっている。

自然を感得させる装飾

《グエイ公園》は、丘陵の自然と手を加えられた人工の絶え間ない融合であ

❷

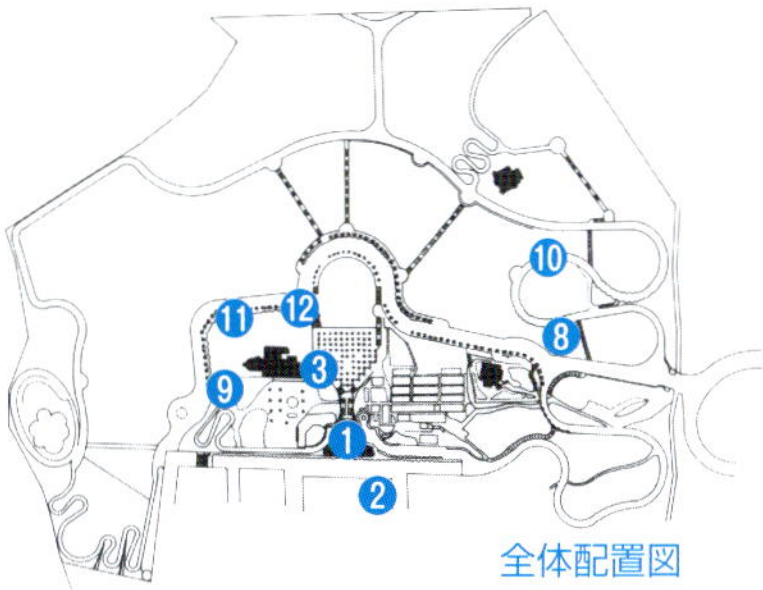

全体配置図

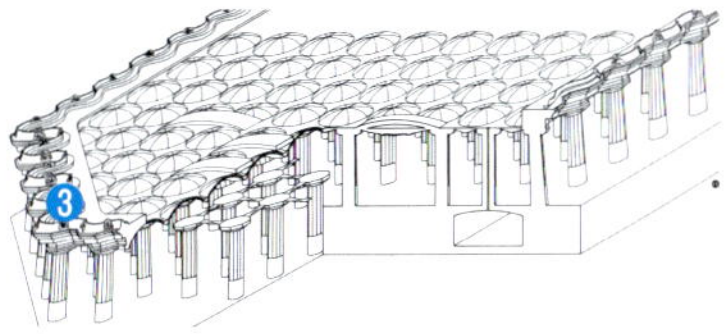

多柱室、
上部の断面アイソメトリック図

❶グエイ公園主階段。正面に市場にあてがわれることになっていた86本のドリス式列柱によるホールが見える。

❷入口二つのパビリオンの煙突および換気塔群。

る。とりわけ、土地産の石と光沢のある陶片による多様なテクスチャーの展開は、注目に値する。

ガウディが力を傾けたこの装飾は、いったいどのような意味をもつのだろう。彼は青年時代の覚書に、装飾の役割について次のように書いている。

「装飾は、対象にあらかじめ想定された性格を与える一手段である。ある場合には量塊《マッス》を強調し、荒々しさと素朴さだけで自然を感得させる。こうした効果は大きさ、材料、色彩などによって多様となる」。

《グエイ公園》で展開されたテクスチャーは、この装飾の考え方に基づいている。それは、自然を感得させるために、ガウディが徹底的に追求した材料と色彩による表現に他ならない。それゆえ《グエイ公園》に見る「自然」は、その感をいっそう深める。

「この建築家は、地中海の光に突き動かされて絵筆をとる画家や色彩家と同じ方法で、家というものを構想する。なぜ人は建築を陽光に光り輝き、多様に様相を変える光沢ある陶器として考えてはならないのだろう」。

これは、フランスのゴンクール賞を受

美は真実の輝きである。
——ガウディ

Photo:NORDICPHOTOS/アフロ

3

賞（１９０９年）した作家アリー・ルブロンが、《カザ・バッリョ》を通して、ガウディの作品の特徴について語った言葉である。

これはまた、《グエイ公園》の一方の素材である陶片の存在を際立たせる言葉でもあろう。ガウディは建築の表現要素として、テクスチャーの視覚的効果である表面への光の作用や、表面の光の明暗を常に重要視した。彫刻家のように、光の作用により建物の表面が変容する効果を注意深く研究した。

「光を受ける凸状の要素全体を、凹状の要素、つまり影のなかにある要素に対立させて組み合わせなければならない。光を浴びた要素は、ディテールに意を払わなければならない。というのは、それは歌う要素だからだ。影のなかに潜り込んだ要素は、ディテールから解放されている」。

このガウディの言葉は、光を受け止める表面の処置について述べたものだろう。

このように対象の表面に対する配慮から、彼は形態の表面に必ず「皮」を与える。ゲーテが『植物論』で、「植物が生命を守るために必ず内皮で包み込む」といったように。建築各部のテクスチャー

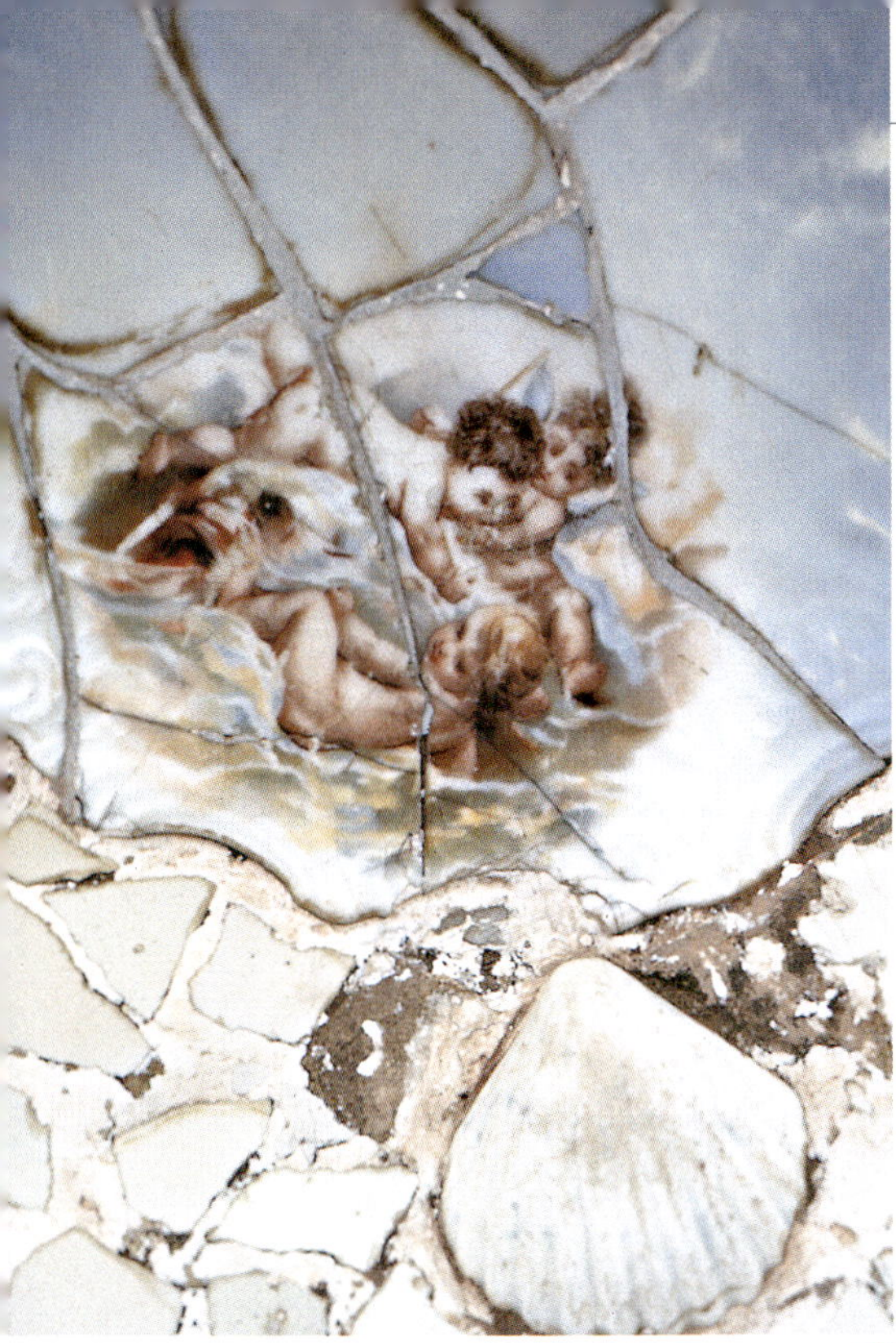

❼

❹

❺

❻

❸多彩色の施釉《せゆう》タイルによる波打つベンチ。

❹ベンチの背中が当たる部分のタイルのアップ。焼いたタイルを割って使用するトレンカディスの手法が採られている。

❺多彩色のベンチにはさまざまな信仰の言葉が銘刻されたタイルが貼られていた。これは波打つベンチが始まる部分にある「Son Front（あなたの額）」の銘刻。マリアへの言葉である。

❻ベンチの中央部、地中海やバルセロナの街への方向にある「Angels Domini nuntivait Maria（御告げの祈りの言葉）」の銘刻。

❼既成の皿や、貝のフォルムをした皿を使用するコラージュの手法も使用された。ガウディのパートナーだった建築家J.ジュジョールの役割が大きかった。

のコントラストを絶えず考慮することによって、この「皮」は作品を生き生きとしたものにする。

生命あるテクスチャーの変化を大切にしながら、ガウディの研ぎ澄まされた感覚は、材料のコントラストを求めていく。《グエイ公園》の囲壁に沿ってオロット通りがある。その突き当りの壁は、岩がむきだしの自然の土留擁壁《どどめようへき》（土の崩れるのを防ぐための壁状の構造物）と粗面《そめん》の切り石積みの対比が鮮やかである。

ガウディにとって、表面の触覚的効果は視覚的効果に匹敵した。工事中、この住宅地を訪れた建築家セリェスは「大地の鋳型」とこの作品を表現した。それは大地が彫塑《ちょうそ》的に扱われていることを示唆すると同時に、構築物と大地のテクスチャーの一体性を指摘する言葉と読み換えられよう。

大地と天空をテーマとするさまざまな造形

《グエイ公園》を形成するさまざまな造形は、それらが配されている大地と同一の「皮」、つまりテクスチャーを共有している。そのため、これらの造形は大地から離れない。

9

8

8 傾斜して、らせん状に回転する形状をもつ列柱回廊。

9 ムンターニャ・パラダ(禿山)の等高線に沿って走る道。高架橋下の列柱回廊に、ガウディが建設当時残したイナゴマメの樹が光を求めて身をよじらせる。

10 高架橋下の列柱回廊と石によるベンチ。この住宅地の住人たちの散策のスペースだった。

このような視点からすれば、主入口に面して突き立つ86本のドリス式列柱の存在は異質である。私たちは、このことをどのように理解したらよいか。

ドリス式列柱は、三層の薄肉レンガの円筒に灰色の人造石を貼り、その下部と上部の半球ドームを白い陶片で貼り詰めている。ガウディは、大地のテクスチャーとは異質な釉薬を施した陶片という光る素材を介在させた。こうすることで、列柱ホール上のギリシャ劇場にある波打つベンチを大地の「皮」から切り離し、天空と地中海に差し渡された色彩鮮やかなテラスに変貌させたのである。

私たちはアリーとともに、次のようにいうことができよう。

「なぜ人は、天空と地中海に差し渡されたテラスを、さまざまに様相を変える光沢ある陶器として考えてはならないのだろう」。

このテクスチャー、色彩の変容、コントラストこそ、《グエイ公園》を明るく生命感があふれ、軽やかな空間として現出させるものなのである。そしてこの作品に注力された、大地と天空を主題とするガウディの具象のヴィジョンの総合が、私たちの心を揺さぶる。

⓫波打つベンチのあるギリシャ劇場から階段で下りると、上の遊歩道を受ける放物面体の柱廊が展開する。
⓬階段下の柱廊の鍛鉄《たんてつ》による入口扉部分。

⓫

⓬

⓾

Cripta de
la Colonia
Güell

クルニア・グエイ教会

ANTONI
GAUDI

たぐいまれな模型で果敢に試みた宗教建築

1898～1916年

バルセロナ県サンタ・クルマ・ダ・サルベリョ
施主：アウゼビ・グエイ

❶

労働者住宅地の教会設計

１８９８年から１９１６年にかけてガウディは、バルセロナ近郊に建てる《クルニア・グエイ教会》の計画に携わっている。これは本来、グエイの紡績工場がある都市計画の労働者住宅地計画の最終段階の仕事だった。

世紀の変わり目ごろ、バルセロナは階級闘争的な社会不安の状況にあり、蒸気機関で動く最初の繊維工場「バポール・ベイ」の工場長が暗殺される事態にまで至る。そのために、工場と労働者を一体的に取り扱う目的で、この地が新たに求められたのである。

30haに及ぶこの労働者住宅地は、綿紡績工場を中心に、一次産品を扱う生活協同組合、学校、図書館、劇場、合唱団などの教育文化施設、医療施設、スポーツ施設を備えていた。

さらに、労働者住宅地の成長とともに教会施設の必要性が生じ、グエイがガウディに設計を依頼したのである。

模型による研究に専心

ガウディは、この教会の定礎石《ていそせき》が置かれる１９０８年までの10年間、自身が

❷

❶松林からの《クルニア・グエイ教会・地下聖堂》の外観。松の幹や枝などと連関する傾斜する柱が見え、自然との融合が感じられる。
❷《クルニア・グエイ教会》逆吊り模型写真からガウディが描いた聖堂の内部空間と図像。

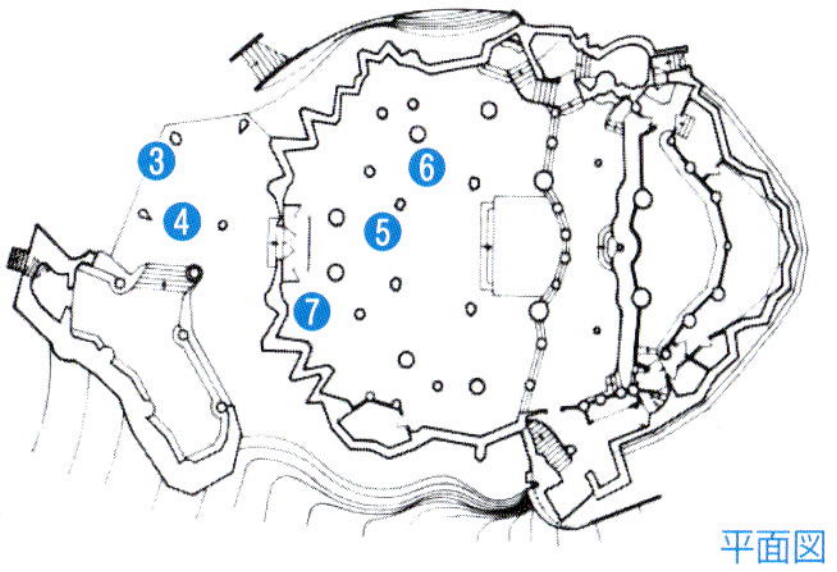

平面図

「立体静力学《りったいせいりきがく》」と呼んだ模型を駆使《くし》して、この建築の構造的安定性の研究に専心した。それは縮尺10分の1の模型である。

ヴォールト、アーチ、リブ（補強材）や、荷重を受ける壁などの建築構成諸要素に作用する荷重をあらかじめ設定し、各部に働く応力に見合う散弾入りの小袋を適切な位置に吊り下げた懸垂《けんすい》多角形の網状組織だった。

この模型を写真に撮り、形態を上下逆にすることでアーチやリブや壁の傾きを得ると同時に、構造的必要性に基づいて建物全体の形態、建築構成諸要素の形態が決定された。

同時代の建築家ドゥマネク・アスタパーは、ガウディの模型による研究を、恣《し》意《い》的な建築にありがちな制作態度の一例であると批判した。逆吊り実験と、その追求から生まれる懸垂多角形は、単に構造的合理性の一面を強調するものでしかないというのである。

こうした見方も引き起こすガウディの試みは、建築の骨組みである構造形態を正確にするため採用した特殊な手法にすぎなかったのだろうか。

青年時のノートに、「真のシルエットは、その記念建造物の構造そのものから

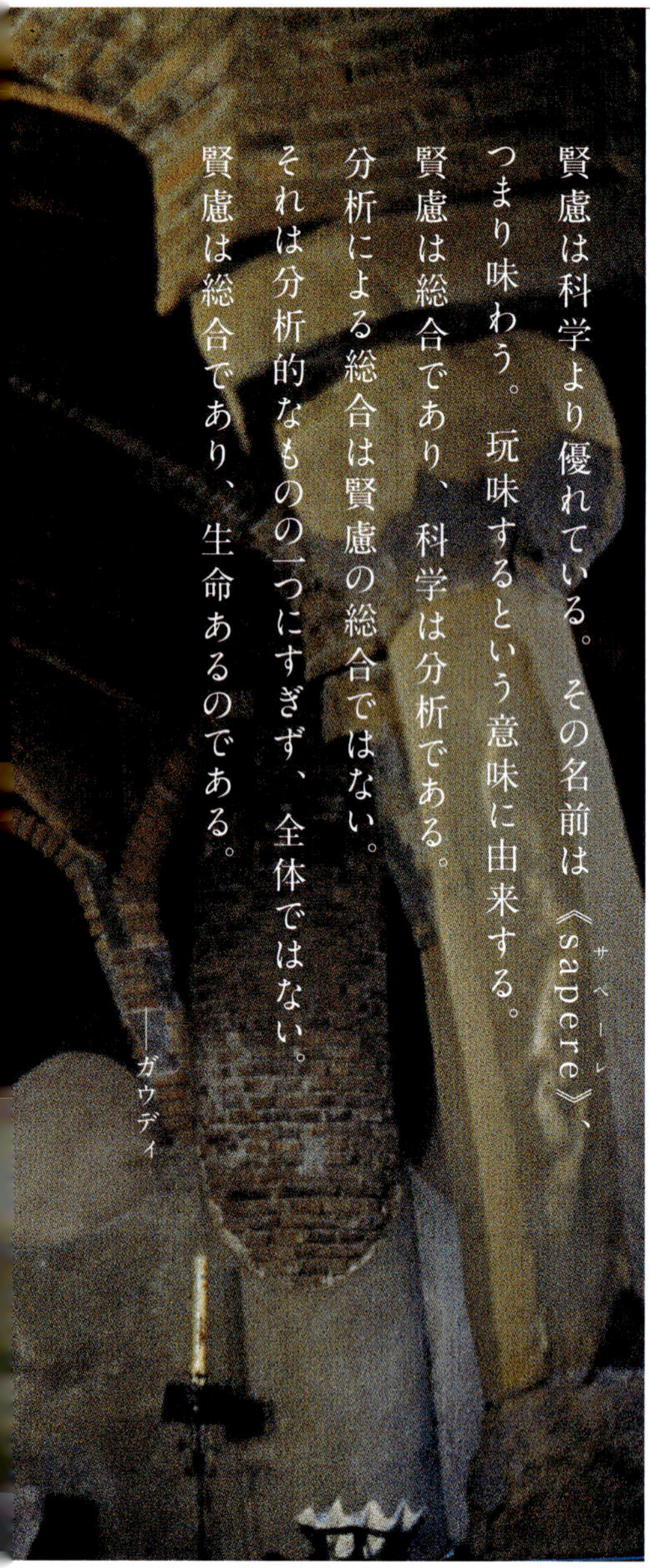
賢慮は科学より優れている。その名前は《sapere《サペーレ》》、
つまり味わう。玩味するという意味に由来する。
賢慮は総合であり、科学は分析である。
分析による総合は賢慮の総合ではない。
それは分析的なものの一つにすぎず、全体ではない。
賢慮は総合であり、生命あるのである。
――ガウディ

❸柱廊玄関の傾斜柱。逆吊り模型の力線に対応するとともに、線織《せんおり》面《めん》(直線の運動で描かれる曲線)のフォルムと松の樹皮との調和が感じられる。
❹柱廊玄関。玄武岩の柱からレンガのリブがらせん状に旋回して、教会のアプローチ階段を支える。
❺《地下聖堂》内部空間。外光に慣れた目には暗がりが初めは強く感じられる。

生まれてくる。その他のものは取るに足らぬものである」とある。

　模型による検討は、この一行に示された思想を忠実に実行したにすぎないのだろうか。

安定性は建築の一部の条件

　約4m半に達するこの模型のために、のちに教会の聖具室に当てられた場所に小屋がつくられたという。小屋の天井に固定された板に平面図が描かれ、壁や柱などの上部からの荷重を受けとめる位置に、数多くのクリップがねじ込まれた。そこから先端に小袋を取りつけた数百もの麻ひもが下がり、模型の外側と内側が明確に区別された全体の形がつくられていた。

　ガウディは完全な形態を得るために、これら多くのひもの内側に薄い一連の紙を貼った。線の構成から面の立体とすることで、これらのひもは教会の内外の造形を描き出したのである。

　「一本の指で軽く押しただけで、この巨大なクモの巣全体が揺れ動いた」と、ガウディ研究の碩学《せきがく》バセゴーダが報告している。一本の麻ひも、すなわち一本の柱やアーチやリブなどの位置の修正は、

模型全部材の変更を意味した。模型はそれほど精密で、精巧だった。特に内側の部材の変更は、外側全体の再制作を意味した。

こうした下絵（エスキス）過程の凄絶極まるとしか言いようのない現実は、建築家に対して、作品の構造的手法を強調するといった恣意《しい》的な試みを許しようもなかった。

なぜ、ガウディはこのシステムを採用したのだろうか。たしかに当時の静力学による紙上の図解法では、この作品はあまりにも複雑な空間的構成をもっていた。

「建築は安定性のみではない。安定性は建築の一部であって全体ではない。建築は芸術である。力学は骨格であり、骨組みである。しかし骨組みには、それに調和を与える肉が欠けている。あるいはそれを包む形態が欠けている。調和をもつなら、芸術となろう」。

ガウディが建築家バルゴースに語ったこの言葉のように、安定性は建築の必須の条件であるが、すべてではない。

芸術は美、美は生命

ガウディは、建築を「調和」あるいは「芸術」という高次の概念でとらえてい

❻《クルニア・グエイ教会・地下聖堂》自然そのもののような玄武岩の一本柱。西側に配されたキリスト磔刑《たっけい》の小礼拝堂と花びらの形をした窓から色光がにじむ。
❼色光を受け止める。レンガにモルタルで仕上げた柱。
❽ガウディが逆吊り模型写真から描いた全体像。
❾逆吊り模型に使用された糸と散弾を入れたサック。建築の部位が担わなければならない荷重を計算して作成された精巧な模型であった。
❿逆吊り模型の記録写真。

❻

た。このことが強調されなければならない。ここにこそ、いまだ試みられたことのないたぐいまれな「立体静力学」のシステムを、《クルニア・グエイ教会》においてガウディに果敢に試みさせた内的動因があったと考えたほうがよい。

　ガウディにとって芸術は美であり、美は真実の輝きであった。真実を求めるために、あらゆる事柄を本質的に研究しなければならない。たとえ建築の骨組み一つ取り上げても、その力学的合理性の徹底的な探求は、彼にとって必須の要件であった。さらに、造形的形態、典礼機能、光や色彩、そして建築図像学などの問題を解決しなければならない。

　こうした建築諸要素すべてが相互に有機的に織りなされたところに至ってこそ、建築は生命をもつものとなろう。ガウディはそう考えるのだ。ガウディは建築家としても、一人の信仰者としても、このような境地の円熟期から晩年期に差しかかる時期に相当していた。

　1898年からこの試みに10年間を費やしたことに、そこに込められた制作態度と彼の生涯の姿勢がうかがわれよう。

　美は彼にとって、何よりも生命に他ならなかったからである。

⑦

⑧

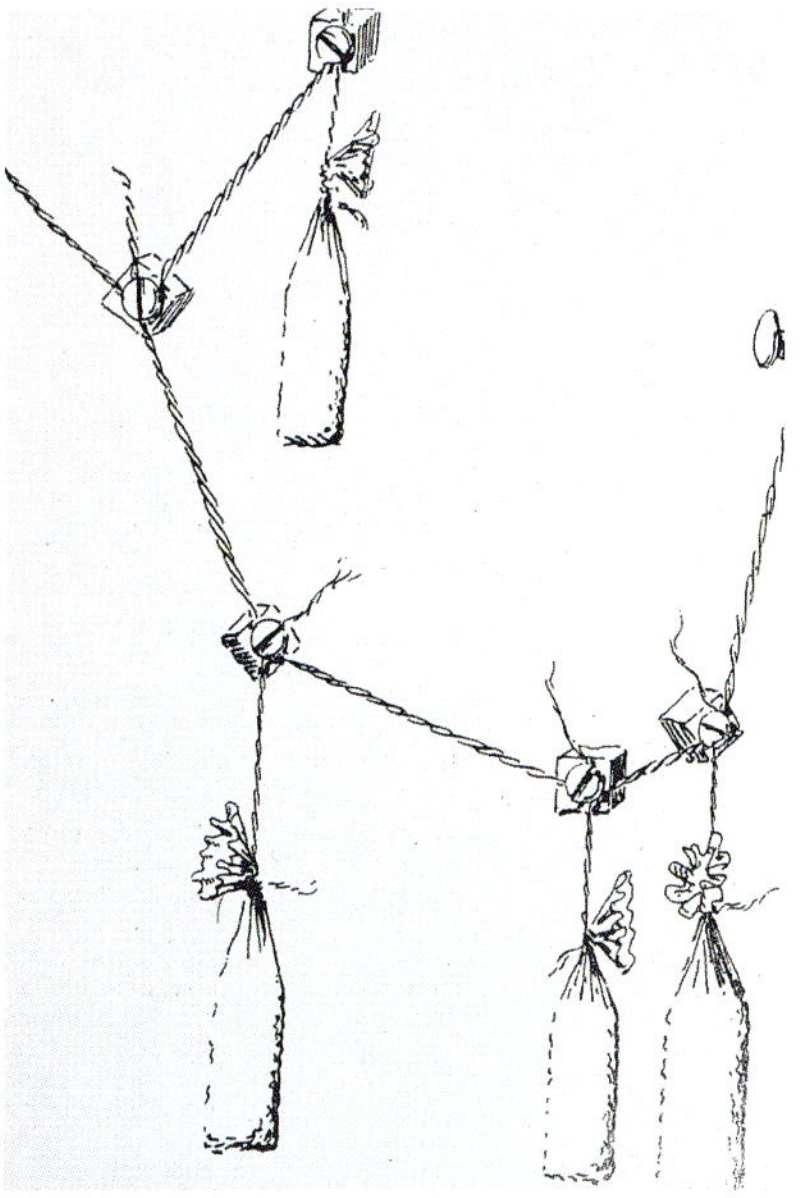

⑨

⑩

《クルニア・グエイ教会》の逆吊り模型システムは、このような生命ある総合のヴィジョンへのガウディの勁《つよ》い意志と、信仰への痛切な思いの証左《しょうさ》に他ならなかった。

Templo
Expiatorio
de la Sagrada
Familia

サグラダ・ファミリア贖罪《しょくざい》聖堂

ANTONI
GAUDI

ガウディの宗教的、芸術的ヴィジョンのすべてが結晶化

1883～1926年

マリナ通り253番地-ガウディ広場
発願：ジュゼップ・マリア・ブカベリャ・バルダゲー
（書店主、サグラダ・ファミリアの創設者）

❶

Photo:Alamy/アフロ

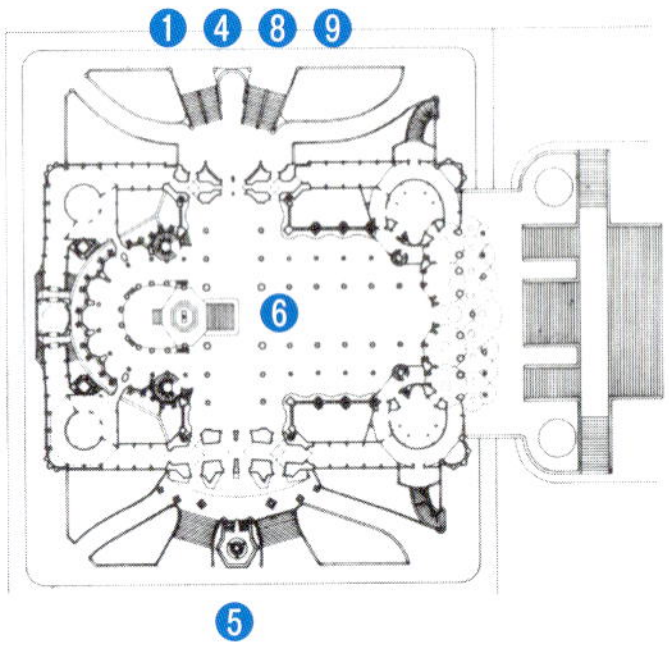

平面図

聖家族に捧げられる聖堂の建設

19世紀末、バルセロナでは、ガウディやマルトレイがいずれ深くかかわる大事業が始まっていた。

インディアーノスたちに多くを負う富の蓄積と、それと連関するバルセロナの都市計画の進展と連動して、さまざまな分野でカタルーニャ的なものを希求する〝カタルーニャ・ラナシャンサ運動〟が繰り広げられた。

経済における資本主義化と生産における機械化が進行するとともに、富めるものと貧しいもの、あるいは実業家と労働者といった階級格差と対立が生まれてくるのもこの時期であった。

この物質的な繁栄は、宗教的、精神的なもの、信仰心の弛緩《しかん》としてとらえる人々がいた。

バルセロナの書店主ジュゼップ・マリア・ブカベリャ・バルダゲー（1815～92年）も、その一人であった。彼はカタルーニャの経済的繁栄が、人々の信仰心に及ぼす精神的な荒廃を憂慮していた。

彼は1866年、メルセード教区の区長で、相談相手でもある聴罪《ちょうざい》司祭ホセ・マリア・ロドリゲスと結んで聖ヨセフ信

3

Photo:Prisma Bildagentur/アフロ

2

1《サグラダ・ファミリア贖罪聖堂》誕生のファサード全景。
2《サグラダ・ファミリア贖罪聖堂》の建築家ボネット・イ・ガリによる完成予想図。
3《サグラダ・ファミリア贖罪聖堂》受難のファサードの鐘塔《しょうとう》尖頂部。司教の杖と司教冠をあらわしている。

仰協会を創設し、機関誌『聖ヨセフ信仰普及』を発刊した。1872年、ローマ巡礼の帰途、イタリアのロレートに立ち寄った際、聖家族に捧げられる聖堂をバルセロナに建設することを決心した。それは、ロレートのバシリカ（カトリック教会の建築様式の一つ）の正確な写しになるはずだった。

31歳のガウディが主任建築家に

しかし、最初の構想は変更され、教区の建築家フランセスク・ダル・ビリャールに設計を依頼した。彼は、ラテン十字の平面、三身廊《しんろう》、地下礼拝堂、円屋根《まるやね》、高さ85mの鐘塔《しょうとう》からなる当時のネオゴシック様式の教会の設計案を制作した。間口44m、奥行49mであった。

1882年3月19日、聖ヨセフの祝日に、この聖堂の定礎式《ていそしき》が行われた。

建設が地下道の壁と柱、礼拝堂の一部にさしかかったとき、ビリャールとブカベリャから補佐役を依頼されたマルトレイとの間に意見の食い違いが生じた。教会の構造と仕上げ方法の問題に関してであった。

ビリャールは職を辞した。ブカベリャの娘婿ダルマセスは、後任をマルトレイ

誕生のファサード

おお！魅力的なことだろう！未だ定かではないこの形態、この聖堂の建設に自己の生涯以上のものを賭けた人間の語りかける言葉が、私には理解できる。
——ジュアン・マラガイ（カタルーニャの詩人）

❹《誕生のファサード》。キリスト誕生にかかわる三つの場面が表現される。上は聖母戴冠、右下はキリスト誕生と聖家族、左下は受胎告知である。

に懇請したが、彼は助手のガウディを主任建築家として推薦したのである。1883年11月3日のことだった。ガウディは31歳だった。

「聖ヨセフの奇蹟」、ガウディはこの事態をそう受け止めたのである。

「偉大な教会」、「聖堂は神の無限の特性と特質とともに、神の御心を感得させなければならない」。

これらは、覚書『日記装飾論』と『レウス博物館原稿』のなかの各々一行である。その底に一貫して流れるものは、自らが志向すべき建築的ヴィジョンである聖堂建築実現の意志だった。

《サグラダ・ファミリア贖罪聖堂》の主任建築家を委託されたのは、このヴィジョンを書き付けてからわずか数年しかたっていないときだった。ガウディにとって、まさしく聖ヨセフの奇蹟に他ならなかった。

こうして1883年以降、ガウディは最初の建築家ビリャールに代わり、聖堂建設に生涯を通してかかわっていく。

このことは同時に、聖堂建設のアトリエが彼の設計事務所的役割を果たすことになり、聖堂で行われたことがそれ以外の作品へ、また他の作品で果敢に行われ

受難のファサード

❺《受難のファサード》。キリスト磔刑を主題とするが、ガウディの彫像制作と相違して、彫刻家スビラックスによる自己表現となっている。

Photo:IRobert Harding/アフロ

たことが聖堂へと反映される相補的《そうほてき》な関係が生まれる場所でもあったということである。

《誕生のファサード》へと展開

既存の地下堂の修正に始まる、聖堂の全体構想の変更と確定は急務であった。

ガウディはこの聖堂を、五身廊《しんろう》、三袖《そで》廊《ろう》のラテン十字平面のバシリカ形式とした。スケールは中央身廊部と後陣部を含め、全長95m、身廊部全幅45m、袖廊全幅30mとした。

建設工事は、地下堂、後陣囲壁《ごじんいへき》、そして袖廊東側の《誕生のファサード》へと展開していった。このファサードは、キリスト誕生を主題とする三角形状切り妻の大祭壇塀として構成され、聖書の光景が多様な装飾彫刻によって自然主義風に表現された。

イギリスの建築史家ペヴスナーは、装飾過多のスペイン・チュリゲレスコ様式の血統を引く「南方バロックを記念する時代錯誤の記念碑」とその印象を評した。

1906年、弟子の建築家ルビオーが、ガウディの構想を素描《そびょう》によって公にする。キリストを象徴する放物面体の170mのドームを中心に、マリアと四福音書家に捧げられた五つのドーム、十二使徒を表徴する12本の鐘塔《しょうとう》が林立する壮観が提示されたのである。

また、この年から《誕生のファサード》の4本の鐘塔が立ち上がっていく。スラリとした幾何学《きかがく》的シルエットは、ファサード下部の主祭壇塀とは非常に対照的に見えた。

前者はガウディの意図を反映するものであるのに対し、後者はこの聖堂の推進者たちの強制によるものである。このような見解さえ、ガウディ信奉者のなかから生まれた。それほど、この変容は際立《きわだ》っていた。

はたして《誕生のファサード》の装飾彫刻群は、ガウディの意図に反する、あるいはスペイン的体質をくむ歴史主義的成果といったものにすぎないのだろうか。

Mateu
Lluc

建築家は総合的人間である。
彼はさまざまな事柄を、
これらがつくられる前に
全体からはっきりと見る。
彼は諸要素を3次元関係の中に
適切な距離に位置づけ、結びつける。

——ガウディ

❻《サグラダ・ファミリア贖罪聖堂》中央身廊と翼廊の十字交差部を見上げる。ガウディが残した縮尺10分の1の石膏模型から寸法と法則性を見出すことで、現在に至ったものである。

Photo:Steve Vidler/アフロ

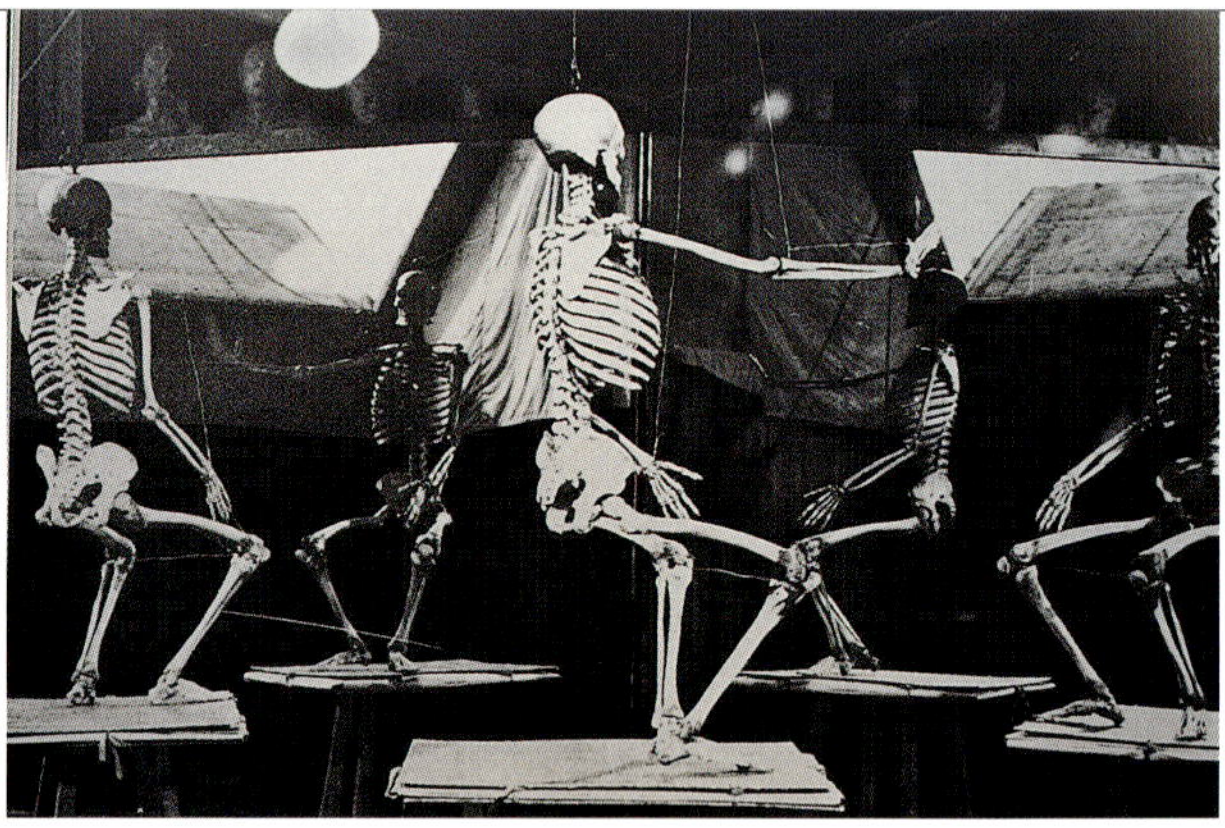

❼人間の表情や姿勢も、骨格、筋肉、皮膚の動きの総合から生み出されるということから、骸骨にさまざまな姿勢をとらせ、周囲に鏡を配することで総合的視像を得た。

❽《誕生のファサード》信徳の玄関祭壇屏に表現された眼をもつ神の手の頂部にある、麦の穂の彫像。

ガウディの意図通りに制作された彫刻

《誕生のファサード》の立ち上がった4本の鐘塔の一つに、聖タデオの彫刻が配されている。ガウディの死後、助手の彫刻家マタマラによって、ガウディの意図どおりに制作されたものである。

モデルは、街路で呼びとめられた荷車引きであった。下方に傾けられた骨ばった顔、引き伸ばされた身体に粗布《そふ》をまとい、ある意志の表現のように一本の指を虚空《こくう》に突き立て、右腕は肩口から今にも振り下ろされようとする、強く張りつめた表現であった。

「彫像は行動の一瞬ではなく、完全な要約された行動である」とガウディは覚書に書いた。聖タデオの精神を全的に表現すべく、「悔悛《かいしゅん》」の姿勢をこのようにとらせたのだろう。

詳細を極めた彫像制作の方法

聖タデオ像に限らず、すべての彫像が次のような方法で制作された。

まず初めに、金属製の構造を組み、骨格、表情、姿勢について研究する。解剖学用骸骨《がいこつ》でそれを確認し、針金による原寸大の粗《あら》づくりが続く。

次に、向きを少しずつ変えて並べた鏡の前に、輪郭をつけた生身のモデルを立たせて写真を撮る。彫像の粗づくりが決定される。見る人の距離と視点、建物内部と外部における位置の問題、象徴的位階による像の大きさなどが検討される。こうして、実際のモデルを使った石膏《せっこう》の鋳型《いがた》がとられるのである。

人物は、できるだけ裸のままで型をとる。その後、粗布か、着物の質によっては多少肌理《きめ》の細かい布を着せる。衣服のひだの具合について研究が終わると、それらを石膏の〝つぎとろ〟（流し込み）で順に固める。毛と頭髪は石膏にひたした麻でつくり、風になぶられる頭髪を針金によってつくる。

これらをもとに、縮尺4分の1と原寸の粘土コピーがとられ、石に刻むために石膏像に抜き、いくつかの部分に切断する。

鋳型からつくられた石膏模型を、予定する位置に置く。明暗、遠近法、および建築的、装飾的雰囲気による修正がなされる。また、距離による大きさの他、透視縮画法の効果も考慮に入れ、各要素を引き伸ばすことでデフォルメを修正する。

最後に石膏模型を下ろして、すでに粗

Photo:YUTAKA/アフロ

❾《誕生のファサード》の彫刻　上／ラッパを吹く天使たち　右下／聖タデオ像　左下／聖シモン像

削りされた石の塊《かたまり》に、さらに修正を加えて完了する。

ガウディの彫像制作の方法は、このように詳細を極めた。

この制作には《クルニア・グエイ教会》の逆吊り模型実験のスタッフが重要な役割を果たした。

聖堂がになう表現思想を具体化する彫刻群

彫像の一つひとつに、同一の研究と同一の制作方法をもって臨むガウディの姿勢から、次のような理解が導かれよう。

つまり、彼にとって聖堂を制作することと、一体の彫像をつくることは、スケールは違っていても本質的には同一のことであったのだ。

逆吊り模型システムは、ガウディの生命ある総合のヴィジョンにとって必須であった。それと同様に、一つひとつの装飾彫刻は、単に建築の付加的な要素ではなく、それこそがこの聖堂がになわねばならない表現思想を具体化する重要な要素であったのだ。

このような意味でも、《サグラダ・ファミリア贖罪聖堂》はガウディの宗教的、芸術的ヴィジョンのすべてが結晶化したものに他ならなかった。

1926年、《誕生のファサード》の4本の鐘塔のうち聖バルナバの塔だけを完成させてガウディはこの世を去ったが、《サグラダ・ファミリア贖罪聖堂》の建設は依然として続けられている。

ガウディは、主に膨大な量の模型を制作して設計の検討をしたが、1936年からのスペイン内戦によって破壊された。しかも、聖堂の全体像を描いたスケッチが1枚しか残されておらず、復元された模型や助手たちの完成予想図を手がかりに推測しながら進めていかざるを得ず、建設に時間がかかる要因ともなっている。

没後100年の2026年の完成を目指しているが、手法や精神が失われたままで《ガウディの建築》といえるのかと疑問視する声もある。

ガウディが託したもの

生涯をかけた未完の聖堂

色彩鮮やかなピナクル（飾り尖塔）が、金色と赤と白のタイルをきらめかせてそびえたつ。足場が取り払われ、放物面体の鐘塔《しょうとう》の上に、幾何学《きかがく》的多面体の形姿を見せている。かたわらの足場の桟橋に立つ二人の職人の姿が誇らしげだ。

１９２５年、《サグラダ・ファミリア・誕生のファサード》の海側の鐘塔の一本、聖バルナバに捧げられた鐘塔が完成する。一枚の写真がこの聖堂の歴史的瞬間を記録に留めていた。

「ファ・ゴーチ（美しい）！」。

聖堂にある三つの時計を世話する寡黙《かもく》な時計職人が、思わず喜びの声をあげた。

高さ１００ｍに達するこのピナクルは、ガウディによれば司教杖の象徴であり、その先端はロザリオの白い球体がとり巻く司教冠の表現であった。司教冠の直径は約２ｍ半で、半径５００ｍの圏内から頂部がはっきり見えなければならない原則から決められた大きさだった。

上部のピナクルと鐘塔の幾何学的な明確なシルエット、そして下部を構成する自然主義形態の装飾彫刻による祭壇屏。この祭壇屏は、主題に沿った緑、紺青、シエナ色（黄褐色）に塗り分けられることになっていた。

未完の聖堂のこの建築的構成それ自身がガウディの意図によるものであり、彼の建築理念に深くかかわっていた。彼は青年時の覚書にこう記している。

「遠方から眺望されるギリシャの神殿では、デザインの構成が明瞭なため、切り詰められた明確な形態をとる。建築のエレメントは複雑ではなく簡潔であり、明暗法なしに輪郭はくっきりとしている。距離が真に考慮されており、生命ある輝きは強い色彩をそれ自身のなかに内包していた」。

中世の聖堂も、ギリシャのデザイン構成と同じであるとして、ガウディは距離と視点を基本とする表現形態の明断さを求めているのである。この基本から生じた全体と細部に向けられた感性で、聖堂の外観を、《誕生のファサード》のシルエットを統一させたものに他ならない。

ガウディのライバル建築家Ｄ・ムンタネーのサン・パブロ病院が、聖堂の対角線上に約５００ｍ離れて対峙している。この病院から聖堂を眺めると、放物面体の鐘塔の幾何学的シルエットが強い印象を与える。少しずつ近づくと、下部の祭壇屏の輪郭が身近に展開されていく。さらに鐘塔を上るにつれて、真に迫った装飾彫刻の原寸大ディテールが眼前に立ちあらわれる。

こうした体験を経れば、ガウディの意図は直《ちょく》

右頁／建築家ムンタネーの《サン・パブロ病院》からの《誕生のファサード》鐘塔の眺め。ほぼ500mの距離がある。
左／《受難のファサード》のガウディのオリジナルスケッチ。ガウディが亡くなったときに、黒の上着のポケットにあったもの。

截《せつ》に確認されるだろう。いかなる細部もおろそかにしない彼の創作態度の意味が、浮き彫りにされるのである。

宗教的ヴィジョンの力強い表現

ガウディは翌1926年6月10日、不慮の事故で亡くなる。あたかも完成した鐘塔をモデルとして、残りの鐘塔を後継者たちに託すかのように。

彼は、《誕生のファサード》の反対側にある《受難のファサード》の克明なスケッチを描いている。双曲放物面が主体の幾何学的二次曲面による引きつった造形について、ガウディは次のように語った。

「ある人々には、この《受難のファサード》は全体に突飛《とっぴ》なように思えるかもしれない。しかし、私は畏《おそ》れを与えたいのだ。そのために、光の明暗法、凹凸のモチーフ、最大の悲愴効果を生み出す、すべての方法を節約しないだろう。それ以上に、建築自身を犠牲にしてもよいと思っている」。

ガウディは、受難のファサードの主題である、キリストが磔刑に処された犠牲の血腥《ちなまぐさ》さという事態を、どう表現しようかと考えた。そこで敬虔な信仰者ガウディは、本来的には懸垂曲線《カテナリー》のアーチで表現すべきところを、アーチの曲線を破断し、また斜め柱を削り落とすという建築的犠牲を払ってもキリストの磔刑という事態を建築で表現しなければならない、という彼の宗教的心性を述べた。

本来あるべき建築の形を犠牲にしても、宗教的ヴィジョンの力強い表現となって、ここに表出されたのだ。

このような意味からも《サグラダ・ファミリア贖罪聖堂》は、彼の建築理念が総合化されたものである。同時に、その生涯のすべてが全力投入された作品でもあった。

「建築家は総合的人間であり、生涯を通じて、長い苦しい研究と忍耐の繰り返しによって犠牲の道を一歩一歩歩いていかなければならない」とガウディは話す。

また、「芸術は極めて高次のものであり、苦痛あるいは貧窮《ひんきゅう》が同伴して、人間のなかに平衡《へいこう》を与える重りとならなければならない。でなければ、人々は平衡を失う」とも語る。この言葉もガウディの制作態度に深く根ざしていよう。

カタルーニャの人々の信仰対象で、ガウディもしばしば登ったモンセラットの岩山を控えたタラゴナ平野の大地に、植物は深く根を張る。天空に、風に、花々と果実を、緑の葉を軽やかに揺るがせて。

そして、ガウディの内面に根ざした「苦痛の感覚」と「この魂の破砕のなかに貴重な断片、後の世代を堪能させる味わいと香り」が生き生きとした総合のヴィジョンとなって、私たちに託されたのである。

ガウディのテスタメントともいえる《サグラダ・ファミリア贖罪聖堂》のオリジナルスケッチ。

アート・ビギナーズ・コレクション
もっと知りたい ガウディ 生涯と作品

2014年 7月10日 初版第1刷発行
2023年10月30日 初版第3刷発行

著 者	入江正之
発行者	大河内雅彦
発行所	株式会社東京美術
	〒170-0011
	東京都豊島区池袋本町3-31-15
	電話 03(5391)9031
	FAX 03(3982)3295
	https://www.tokyo-bijutsu.co.jp
印刷・製本	大日本印刷株式会社

乱丁・落丁はお取り替えいたします。
定価はカバーに表示しています。

本書のコピー、スキャン、デジタル化等の無断複製は著作権法上での例外を除き禁じられています。本書を代行業者等の第三者に依頼してスキャンやデジタル化することは、たとえ個人や家庭内での利用であっても一切認められておりません。

ISBN978-4-8087-0993-8 C0052

©TOKYO BIJUTSU Co.,Ltd. 2014 Printed in Japan

著者
入江正之〈いりえ・まさゆき〉

1946年生まれ。建築家。早稲田大学理工学部建築学科教授。工学博士。1977～78年バルセロナ工科大学ガウディ講座留学。1990年「アントニオ・ガウディ・イ・コルネットに関する一連の研究」で日本建築学会賞受賞。『アントニオ・ガウディ論』(早稲田大学出版部)、『ガウディの言葉』(編著、彰国社)、『図説ガウディ』(河出書房新社)、他著訳書多数。建築作品に《実験装置/masia2008》(第22回村野藤吾賞)、《行燈旅館》(日本建築学会作品選奨)、《明善寺》、《漱石山房記念館》他多数。

写真協力
入江正之
アフロ

本文デザイン
柳原デザイン室

見返しイラスト
遠藤佐登美

協力
小野博明 (コーネル)

編集
長尾義弘 (NEO企画)

カバーデザイン
幅 雅臣

参考文献
『図説 ガウディ―地中海が生んだ天才建築家』入江正之著 (河出書房新社) 2007年
『建築の旅 ガウディ』サビエル・グエル著、入江正之訳 (彰国社) 1992年
『ガウディの作品 芸術と建築』ファン・バセゴーダ・ノネール、フランソワ・ルネ・ロラン著、石崎優子、入江正之訳 (六耀社) 1985年
『近代都市バルセロナの形成―都市空間・芸術家・パトロン』山道佳子、八嶋由香利、鳥居徳敏、木下亮著 (慶應義塾大学出版会) 2009年
M.Rodrigo Alharill,P. Pascual,R.Ramirez,Cases d'Indians,Angle Editorial,2004.
A.Garcia Espuche,El Quadrat d'Or Centro de la Barcelona modernista, Lunwerg Editores S.A.,1990.
Cesar Martinell,Gaudi – His Life・His Theories・His Work, The MIT Press,1975.

13、17、25、28、32、41、43、45、47、54、60、67、73、79、84頁の平面図・立面図・断面図などは、『ガウディの作品 芸術と建築』ファン・バセゴーダ・ノネール、フランソワ・ルネ・ロラン著 (六耀社、1985年発行)より転載いたしました。

サグラダ・ファミリア贖罪聖堂
聖母戴冠
聖タデオ像